美容師が知っておきたい

54の真実

時代を先取る！
背景を知る！

Beauty 総研
by HOT PEPPER Beauty
野嶋 朗・田中公子 × ヘアライター 佐藤友美 共著

女性モード社

はじめに

　2013年7月に、私たち3人（野嶋 朗　佐藤友美＜元・増田ゆみ＞　田中公子）が、『美容師が知っておきたい50の数字』を上梓させていただいてから1年半がたちました。

　この書籍は、①美容マーケット ②顧客満足 ③男性美容師・女性美容師 ④大人女性 ⑤トータルビューティ ⑥時代の兆し、の6つのテーマで構成した本です。これまでよく見えなかった美容マーケットのさまざまな「気になるポイント」をわかりやすく解説できたことが良かったためか、好評をいただき長きに渡って多くの方に読んでいただいています。

　『50の数字』では紹介することができなかったものの、気になる数字は多々ありました。また発行から1年半が経過し、美容業界の中でも、未来に向けてさまざまな新しい議論が起こってきました。サロンスタッフ、オーナーの皆さん、学生さん、メーカー、ディーラーの皆さんなど、多くの方々から続編をという声もいただきました。そこで今回の『美容師が知っておきたい54の真実』では、前回取り上げられなかったテーマを設定し直し、続編として発行させていただくことになりました。

　私たち3人の共通の想い、それは「美容業界にもっともっと多くのお客さまに来ていただき、多くの方が働き、いつまでも成長を続ける業界であってほしい」ということです。そのためには一体どんなことがヒントになるのだろうか、何が大事になってくるのだろうか、業界に関わる方々に役立つことは何か。そんなことを考えてテーマを設定し、データを読み解きながらまとめていきました。

　今回のテーマは①職業としての美容師 ②ヘアサロンのメニュー ③顧客ニーズ ④店販 ⑤アジアマーケットの5章に分けて構成しています。集客や人材などの課題に対してテーマごとに調査結果と解説をまとめました。

　この本の内容は『50の数字』を修正したものではありません。合わせて読んでいただければ、より幅広く業界の動向が見えてくるのではないかと思います。

　この本が少しでも美容業界の成長につながることを願っています。

ビューティ総研　野嶋　朗

INDEX

- はじめに ... 3
- INDEX ... 4
- この本の見方 ... 8

第1章 職業としての美容師の真実

- 美容師の平均年齢の真実 ... 10
- 高校生が「憧れた職業」の真実 ... 12
- 保護者の美容師に対するイメージの真実 ... 14
- 美容関連の職業につくことに対する保護者の意識の真実 ... 16
- 美容専門学校に進学したきっかけの真実 ... 18
- 就職先を決めた理由の真実 ... 20
- 何歳まで美容師を続けたいかの真実 ... 22
- 女性が活躍するのに必要な環境の真実 ... 24
- 現在の経営の問題点の真実 ... 26
- 引退美容師の離職時期の真実 ... 28
- 引退美容師の復帰意向の真実 ... 30

- COLUMN1　美容師になりたい学生が迷った職業 ... 32

第 2 章
ヘアサロンのメニューの真実

- ヘアサロン年間利用回数の真実 — 34
- メニュー利用率の真実 — 36
- カラーリングメニュー利用率の真実 — 38
- ヘッドスパ取り扱いサロンと利用者の真実 — 40
- ネイルメニュー提供サロンの真実 — 42
- サロンでのネイルメニュー利用率の真実 — 44
- サロンでのアイビューティ利用率の真実 — 46
- 売上が高い月の真実 — 48
- リピーター獲得の真実 — 50
- IT化・情報化対応の真実 — 52

COLUMN2 「トリートメントだけでも、ぜひご来店ください！」 — 54

第 3 章
顧客ニーズの真実

- 美高感度タイプの出現率の真実 — 56
- 価値意識の真実① — 58
- 価値意識の真実② — 60
- 参加したイベントの数の真実 — 62
- 本人のイベントのための美容予算の真実 — 64

子や孫のイベントのための美容予算の真実 ─────── 66

薄毛対策の市場規模の真実 ──────────── 68

髪のボリュームに関して最も気になることの真実 ──── 70

薄毛対策の情報源の真実 ─────────────── 72

薄毛の相談意向の真実 ──────────────── 74

5年前に比べて時間がなくなったの真実 ──────── 76

ウェブサイトで見ているページの真実 ────────── 78

ヘアサロンでネット予約をしたことがある20代女性の真実 ─ 80

COLUMN3　「子どもと撮影する」イベントの増加 ───── 82

第 4 章
店販の真実

ヘアサロンでの店販購入率の真実 ─────────── 84

ヘアサロン店販の利用値段の真実 ─────────── 86

初めての店販購入きっかけの真実 ─────────── 88

店販を勧められたいタイミングの真実 ────────── 90

店販で最も売れる商品の真実 ───────────── 92

店販中止者の真実 ───────────────── 94

サロン以外の購入ルートの真実 ──────────── 96

非購入者の真実 ────────────────── 98

COLUMN4　お客さま「を」ではなくお客さま「が」の意識改革 ─ 100

INDEX

第 5 章
アジアマーケットの真実

- 日本のヘアサロンに行ったことのある
  中国・香港・韓国・台湾からの旅行者の真実 ……… 102
- 日本に住む留学生のヘアサロン利用の真実 ……… 104
- 「日本のヘアサロン技術は自国よりも優れている」の真実 ……… 106
- 台湾在住女性と日本女性のヘアサロン来店頻度の真実 ……… 108
- 台湾女性のパーマ比率の真実 ……… 110
- ASEANのヘアサロン利用平均の真実 ……… 112
- インドネシアのヘアサロン利用頻度の真実 ……… 114
- マレーシアのエステティックサロン利用率の真実 ……… 116
- フィリピンのネイルサロン利用頻度の真実 ……… 118
- シンガポールのヘアサロン利用単価の真実 ……… 120
- タイのヘアサロン利用頻度の真実 ……… 122
- ベトナムのネイルサロン利用頻度の真実 ……… 124

COLUMN5　海外のお客さまに対応する ……… 126

おわりに ……… 127

この本の見方

この本は、のじー、ハム子、ゆみと会話をするような感覚で、
ヘアサロン業界にまつわる数字やデータをチェックできるつくりになっています。

真実がわかる数字を紹介
皆さんに知ってほしい重要な数字を大きく紹介。真実に迫ります。

データの出典はココ！
データの調査方法やサンプルがひと目でわかります。

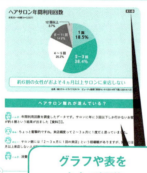

グラフや表を本文で解説
本文中の「資料①〜③」は、図表に添えた 資料①〜資料③ とひもづけています。

サロンに生かせるポイント
紹介したデータをもとに、サロンに生かせるポイントを分析しています。

この本の登場人物

のじー（野嶋 朗）
美容業界の発展のために全国を奔走し情報を収集。鋭い洞察力でデータを読み解く解説役。

ハム子（田中公子）
のじーのパートナーとして、知的にそしてセクシーにデータを分析するビューティアナリスト。

ゆみ（佐藤友美）
お客さま目線で疑問をぶつけ、時に話をかみくだき、時に鋭いつっこみを入れるゆかいな進行役。

第 1 章

職業としての美容師の真実

美容師のなり手不足がどのサロンでも深刻化しています。
この章では、高校生、美容学校生、現役美容師、離職した美容師の調査データを元にして
今後の美容業界の雇用について見ていきたいと思います。

No. 1 　美容師の平均年齢の真実……p.10

No. 2 　高校生が「憧れた職業」の真実……p.12

No. 3 　保護者の美容師に対するイメージの真実……p.14

No. 4 　美容関連の職業につくことに対する保護者の意識の真実……p.16

No. 5 　美容専門学校に進学したきっかけの真実……p.18

No. 6 　就職先を決めた理由の真実……p.20

No. 7 　何歳まで美容師を続けたいかの真実……p.22

No. 8 　女性が活躍するのに必要な環境の真実……p.24

No. 9 　現在の経営の問題点の真実……p.26

No. 10 　引退美容師の離職時期の真実……p.28

No. 11 　引退美容師の復帰意向の真実……p.30

美容師の平均年齢の真実

29.3歳

※厚生労働省 2013年度
賃金構造基本統計調査
（10〜99人規模）

勤続年数と男女比

資料①

15歳以上の美容師	
男性美容師	83,630人
女性美容師	275,910人
合計	359,540人

勤続年数

勤続年数	男性	女性
5年未満	21.6%	30.2%
5-9年	18.8%	28.6%
10-19年	4.9%	15.9%
20年以上	3.3%	11.0%
不詳	51.4%	14.3%

平均年齢

平均年齢	男性	女性
30歳未満	29.4%	41.6%
30-39歳	15.5%	25.7%
40-49歳	4.1%	10.2%
50歳以上	0.0%	8.2%
不詳	51.0%	14.3%

女性は30歳未満が4割

出典：総務省　国勢調査(2010年度)、厚生労働省　「生活衛生関係営業経営実態調査　美容業」

お客さまとの年齢差が課題

ゆみ：美容師さんの平均年齢は29.3歳。もっと若い印象がありました。

ハム子：平均年齢のデータは、常時雇用の人が対象なので、実際の年齢よりは高く出てくると言われていますが、それでも平均年齢が20歳代というのは他の業種に比べて低いです。

職業としての美容師の真実 01

のじー：大人化が進むお客さまが求めているのは「安心して任せられる」「人間力が高い」などの価値と言われていますから、<u>平均年齢の低さは顧客とのミスマッチ</u>とも考えられます。

ゆみ：美容業は年齢を重ねるほど技術が身につく仕事なので早期退職が多いのはもったいないですね。最近は新卒の採用が難しいということも聞きます。

ハム子：もともと若者人口は少なくなっていますが、それに比べて専門学校入学者は微減程度です【資料②】。美容専門学校が定員割れしたのは2004年ですが【資料③】、実は<u>2008年から2013年までは志願者数は横ばい</u>なんですよね。

のじー：美容師になりたい人が激減しているわけではないので、スタイリストデビューする前に辞めてしまう人を減らしていくことを考えていきたいですね。

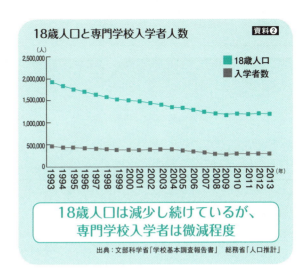

資料②　18歳人口と専門学校入学者人数

18歳人口は減少し続けているが、専門学校入学者は微減程度

出典：文部科学省「学校基本調査報告書」　総務省「人口推計」

資料③　美容専門学校の定員と志願者

2004年を境に入学志願者が入学定員数を下回る

出典：文部科学省「学校基本調査」

point　専門学校入学志願者数は微減程度
離職者を減らして長く働ける職場づくりを

高校生が「憧れた職業」の真実
美容師
※高校生男女に聞きました（複数回答）

12.6%

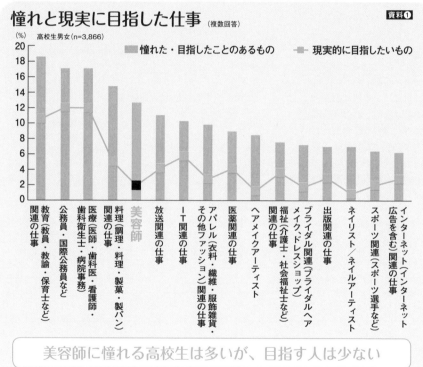

憧れと現実に目指した仕事（複数回答）

資料①

高校生男女（n=3,866）

- 憧れた・目指したことのあるもの
- 現実的に目指したいもの

美容師に憧れる高校生は多いが、目指す人は少ない

出典：㈱リクルートライフスタイル　ビューティ総研「高校生の進路意識に関する調査」（2014/1）

美容師人気は相変わらず高い

ゆみ：美容師の人気ランキングが下がったという話をよく聞くのですが、このデータを見る限りでは、美容師への憧れ度は高いように思えます【資料①】。

職業としての美容師の真実 02

のじー：どちらかというと、「憧れの職業」ではあるけれど、現実的に進路として考えたときに「目指す人が非常に少ない職業」と言えます。

ゆみ：他の職業に比べ、現実的に目指す人の割合が目立って少ないですね。

ハム子：美容業に興味を持つ人のうち、実際に検討すると答えた人の割合も3割以下【資料②】でした。

のじー：今の高校生は、進路を決定する際に「安定して長く続けられること」に重きを置いていることがわかります【資料③】。

ゆみ：業界の人たちは、「美容師をもっと憧れの職業にしたい！」とよく言われますが、それだけでは不十分そうですね。

のじー：高校生のリアルに目を向けて、現実的に「就職したいと思える」業界にしていく取り組みが大事だと感じます。

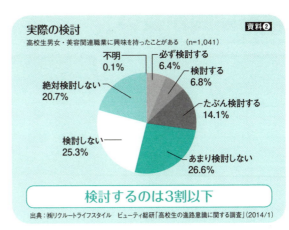

資料② 実際の検討
高校生男女・美容関連職業に興味を持ったことがある (n=1,041)
- 不明 0.1%
- 必ず検討する 6.4%
- 検討する 6.8%
- たぶん検討する 14.1%
- あまり検討しない 26.6%
- 検討しない 25.3%
- 絶対検討しない 20.7%

検討するのは3割以下

出典：㈱リクルートライフスタイル　ビューティ総研「高校生の進路意識に関する調査」(2014/1)

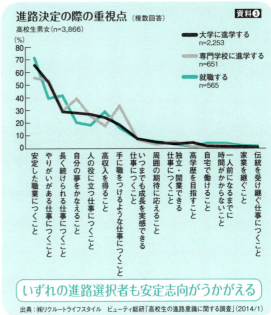

資料③ 進路決定の際の重視点（複数回答）
高校生男女(n=3,866)

- 大学に進学する n=2,253
- 専門学校に進学する n=651
- 就職する n=565

項目（左から）：
安定した職業につくこと／長く続けられる仕事につくこと／やりがいがある仕事につくこと／自分の夢をかなえること／人の役に立つ仕事につくこと／高収入を得ること／いつまでも成長を実感できる仕事につくこと／手に職をつけるような仕事につくこと／周囲の期待に応えること／独立・開業できる仕事につくこと／高学歴を目指すこと／自宅で働けること／一人前になるまでに時間がかからないこと／家業を継ぐこと／伝統を受け継ぐ仕事につくこと

いずれの進路選択者も安定志向がうかがえる

出典：㈱リクルートライフスタイル　ビューティ総研「高校生の進路意識に関する調査」(2014/1)

---

point　今の若者の「安定志向」にも対応した業界全体の環境整備も必要

保護者の美容師に対するイメージの真実
「下積み期間が長い」
※高校生の保護者（父母）に聞きました（複数回答）

34.8%

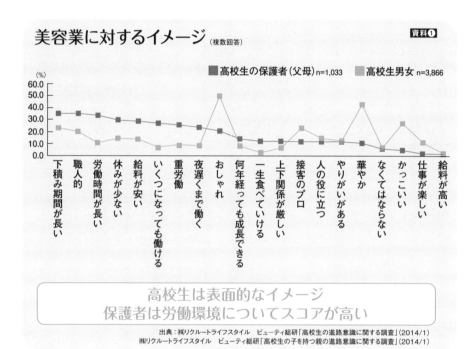

美容業に対するイメージ（複数回答）　資料①

■高校生の保護者（父母）n=1,033　■高校生男女 n=3,866

（項目：下積み期間が長い／職人的／労働時間が長い／休みが少ない／給料が安い／いくつになっても働ける／重労働／夜遅くまで働く／おしゃれ／何年経っても成長できる／一生食べていける／上下関係が厳しい／接客のプロ／人の役に立つ／やりがいがある／華やか／なくてはならない／かっこいい／仕事が楽しい／給料が高い）

高校生は表面的なイメージ
保護者は労働環境についてスコアが高い

出典：㈱リクルートライフスタイル　ビューティ総研「高校生の進路意識に関する調査」（2014/1）
　　　㈱リクルートライフスタイル　ビューティ総研「高校生の子を持つ親の進路意識に関する調査」（2014/1）

高校生と保護者のイメージにギャップが

ハム子：美容業に対するイメージを保護者と高校生両方に聞きました【資料①】。高校生は「おしゃれ」、「華やか」、「かっこいい」などのスコアが高いのに対して、保護者は「下積み期間が長い」、「労働時間が長い」、「給料が安い」などのネガティブイメージが強いようです。

のじー：高校生は美容業にポジティブなイメージを持っていますが、保護者にとっては不安要

職業としての美容師の真実 03

素が多い業界に見えています。高校生の進路選択に関しては、保護者の影響力が強く出ますので、このギャップが美容業界への進学者を少なくしている理由のひとつといえるでしょうね。

ハム子：高校生の考える「理想的な働き方」が「やりがい」や「人の役に立つ」という回答が多いのに対して【資料②】、保護者は「安定」「長続き」などを求める傾向があることもわかりました【資料③】。

ゆみ：ここにも、高校生と保護者との間に大きなギャップが見えますね。

のじー：サロン側としては、美容業界に興味を持った高校生が抱いた「やりがいがある」、「人の役に立つ」、「仕事が楽しい」などのピュアな気持ちには注目したいですね。このような気持ちで美容業界に興味を持ったのだという原点を大事にして、その気持ちに応えるサロンづくりを目指していくことが大事でしょう。

資料② 理想的な働き方のイメージ（複数回答）
高校生男女・美容関連職業に興味を持ったことがある（n=1,041）

- やりがいがある 69.0%
- 人の役に立つ 63.9%
- 仕事が楽しい 51.7
- いくつになっても働ける 37.7
- 給料が高い 33.9
- 一生食べていける 32.4
- 何年経っても成長できる 28.8
- かっこいい 24.0
- 華やか 22.3
- 専門性が高い 21.8

「やりがい」「人の役に立つ」が上位に

出典：㈱リクルートライフスタイル ビューティ総研「高校生の進路意識に関する調査」(2014/1)

資料③ 子どもの将来の職業に希望すること（複数回答）
高校生の保護者（父母）（n=1,033）

- 子ども自身が希望する職業についてほしい 79.9
- 安定した職業についてほしい 54.3%
- 職や会社を転々とせず、長続きして働いてほしい 37.6%
- 手に職をつけてほしい 35.6
- 自分で独立して生計を立ててほしい 28.6
- 職業に役立つ何らかの資格を取ってほしい 25.9
- 世の中の役に立つような仕事をしてほしい 25.6
- 収入の多い職業についてほしい 19.7
- 専門職についてほしい 14.9
- 社会的な地位や信用のある職業についてほしい 11.5

子ども自身の希望を尊重するも安定を重視

出典：㈱リクルートライフスタイル ビューティ総研「高校生の子を持つ親の進路意識に関する調査」(2014/1)

---

point 高校生が考える理想の働き方と、保護者が考える美容業界のギャップに業界改善のヒントが

美容関連の職業につくことに対する保護者の意識の真実

※高校生の保護者(父母)に聞きました

賛成：反対＝1：1

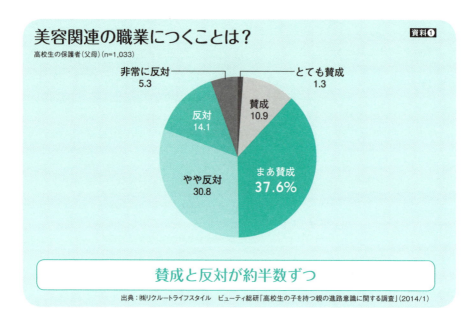

資料①

美容関連の職業につくことは？
高校生の保護者(父母)(n=1,033)

- とても賛成 1.3
- 賛成 10.9
- まあ賛成 37.6%
- やや反対 30.8
- 反対 14.1
- 非常に反対 5.3

賛成と反対が約半数ずつ

出典：㈱リクルートライフスタイル　ビューティ総研「高校生の子を持つ親の進路意識に関する調査」(2014/1)

保護者の仕事への理解が重要に

のじー：高校生が進路決定をする際の保護者の影響について調査をしてみました。

ハム子：美容関連の職業につくことに関して、賛成と反対は約半々です【資料①】。もう少し内訳を詳しく見ると、父親よりも母親のほうが賛成のウエイトが高く、かつ、お子さんが女の子の場合は父親も母親も賛成率が上がるという結果が出ています。

ゆみ：もともと美容師は女性の職業だった歴史がありますが、今でも、女の子のほうが美容師になることを賛成してもらいやすいんですね。

職業としての美容師の真実 04

ハム子：美容関連の仕事につくことへの賛成理由は「いくつになっても働ける」という理由が多いのですが、反対理由の1位が「適性がないと思う」という理由なんですよね【資料②】。

ゆみ：「適性がない」というのは「手先が不器用だから」とか「センスがないから」とか、そういう意味？

のじー：もし、保護者がそのように考えて反対しているとしたら、もう少し美容業への理解を深めてもらう必要がありそうですね。

ハム子：特に<u>高校生の場合、進路決定時に母親のアドバイスを重要視する傾向</u>があります【資料③】。保護者の方々に美容業界の魅力を伝えていくことも大事ですね。

のじー：担任の先生やオープンキャンパス、進路関連の資料の存在も重要です。<u>親だけではなく学校の理解を得る</u>ことも、美容師志望の学生を増やすためには重要だと思います。

資料②　美容関連の職業につくことへの賛成＆反対理由（複数回答）
高校生の保護者（父母）(n=1,033)

賛成 n=514
- いくつになっても働ける仕事なので　26.3%
- 職人的なので　24.7
- 一生食べていける仕事なので　20.4

反対 n=519
- 適性がないと思うので　53.6
- 給料が安い仕事なので　23.9
- 下積み期間が長い仕事なので　18.1

賛成する理由は「ずっと働けるから」

出典：㈱リクルートライフスタイル　ビューティ総研「高校生の子を持つ親の進路意識に関する調査」(2014/1)

資料③　進路決定時に参考にするアドバイス（複数回答）
高校生男女・美容関連職業に興味を持ったことがある(n=1,041)

- 母親　62.0%
- 担任の先生　55.1
- オープンキャンパス　41.2
- 学校で配布される進路関連の資料　38.5
- 友人・知人　36.4
- 進路指導の先生　34.0
- 父親　29.6
- 本・雑誌・新聞　20.5
- インターネット上の、関連職業・仕事の情報　17.1
- 兄弟姉妹　15.3

母親の意見を最も重要視

出典：㈱リクルートライフスタイル　ビューティ総研「高校生の進路意識に関する調査」(2014/1)

---

point
**保護者の反対も少なくない美容業界への就職
業界の魅力をもっと伝えることが重要**

美容専門学校に進学したきっかけの真実
その職につこうと思っていたから

※美容師志望の専門学校生に聞きました

89.8%

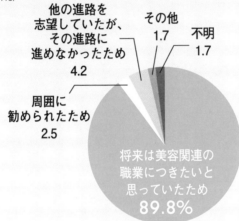

美容専門学校に進学したきっかけ 資料①
美容師志望者(n=118)

- 将来は美容関連の職業につきたいと思っていたため 89.8%
- 他の進路を志望していたが、その進路に進めなかったため 4.2
- 周囲に勧められたため 2.5
- その他 1.7
- 不明 1.7

美容専門学校には目的を持って入学

出典:㈱リクルートライフスタイル ビューティ総研「美容専門学校生に関する調査」(2014/1)

将来の目標がはっきりしているのが美容学生

ハム子:美容専門学校の学生に聞いたデータです。専門学校に進学したきっかけは「美容関連の職業につきたいと思っていたため」が約9割を占めます【資料①】。

のじー:この結果は、一見当たり前だろうと思われるかもしれませんが、美容専門学校に進学した人たちは、「中学・高校の時点で美容業につきたいと決意して進学している」という事実を、しっかり受け止める必要があると思います。

ゆみ：ほとんどの大学生が、自分の将来の就職先に明確なイメージを持って進学していないことに比べたら、専門学生は将来のイメージをしっかり持っているわけですもんね。

のじー：その決意を後押ししたのは、身の周りにいた美容関係者です【資料②】。身近な先輩や親戚の存在が、美容の仕事へ導いたと考えると、美容業に携わる人たちは、若い世代にもっと自分たちの仕事を語り伝えていくことが重要なのではと思います。

ゆみ：美容専門学校生の学校への満足度は想像以上に高かった！【資料③】。

ハム子：「満足していない」と「まったく満足していない」が０％なのにも驚きました。皆さん、学生生活を楽しんでいるようです。

のじー：サロンの現場からは専門学校の２年間と就職後のスキルのギャップを耳にすることもあります。サロン側は、学校に対する学生の満足度は高いという事実を受け止めつつ、もう少し職場と学校を接続する機会を増やして、就職後のギャップが生まれないようにする工夫が必要かもしれないですね。

自分の周りの美容関連従事者（複数回答）
美容師志望者(n=118) **資料②**

- 先輩や同級生、友人 25.4%
- その他親戚 17.8%
- あなたの母親 10.2
- あなたの祖父母 7.6
- あなたのいとこ 4.2
- その他の知人 3.4
- あなたの兄弟姉妹 1.7
- 恋人、配偶者 1.7
- あなたの父親 1.7
- 周りにはいない 39.8
- 不明 4.2

家族・親戚に美容関連従事者が存在

出典：㈱リクルートライフスタイル　ビューティ総研「美容専門学校生に関する調査」(2014/1)

美容専門学校進学に対する満足度
美容師志望者(n=118) **資料③**

■とても満足している　■満足している　■まあ満足している
■あまり満足していない　■不明

| 42.4% | 30.5 | 23.7 | 0.8 / 2.5 |

※「満足していない」「まったく満足していない」はいずれも0.0％

美容専門学校への満足度は高い

出典：㈱リクルートライフスタイル　ビューティ総研「美容専門学校生に関する調査」(2014/1)

---

point
美容の専門学校に進む学生は
将来の職業を高校生のときに決定する意識の高い層

就職先を決めた理由の真実
「会社のビジョンやミッションに共感できること」
※美容関連職業に就職する予定の専門学校生に聞きました

66.7%

就職先を決めた際の重要ポイント（複数回答）
資料①
就職先決定者（美容師・エステティシャン・ネイリスト等の美容関連職業）n=177

- 経営が安定していること　74.0
- 会社のビジョンやミッションに共感できること　**66.7%**
- 正社員同士の仲が良いこと　**60.5%**
- 福利厚生が充実していること　60.4
- 社内の研修制度が整っていること　55.9
- 評判のいい会社であること　50.8
- 給与・賞与が少しでも高いこと　47.5
- 結婚・出産しても続けられる条件であること　40.1
- 正社員比率が高いこと　37.9
- 有名な(知名度の高い)会社であること　37.8

安定も重要だが働きがいも求めている

出典：㈱リクルートライフスタイル　ビューティ総研「美容専門学校生に関する調査」(2014/1)

学生が就職先サロンに求めること

ハム子：内定者が、就職先を決める際に重要視したポイントです【資料①】。「経営の安定」や「福利厚生」などは、昨今の学生の安定志向を考えると頷けるところなのですが、「会社のビジョンやミッションに共感できる」「正社員同士の仲が良い」といった項目も上位に入りました。

ゆみ：金銭的、制度的な条件面だけではなく、前向きに働ける職場かどうかということを重要視しているというのが興味深いですね。美容専門学校生から「スタッフ同士の仲が良さそうかどうかは、ブログを見てチェックしている」というような話も聞きました。

のじー:「美容師になる」という職人的な職業観よりも、「このサロンに入社する」という「就社観」が強くなっているのかもしれません。

ハム子: 就職先探しの手段は学校の求人情報が圧倒的多数です【資料②】。

のじー: この資料を見ると、学生にアプローチするためには、サロンの評判を上げることも大事ですが、まず学校や教員とのつながりが必要だということがわかります。改めて、学校訪問や説明会への参加などが重要だと感じますね。

ゆみ: 就職活動で1社しか就職試験を受けず、1社しか内定をもらわない学生がこんなに多い【資料③】というのも、驚きました。

ハム子: 世の中の就職活動事情とはずいぶん違う感じがしますね。

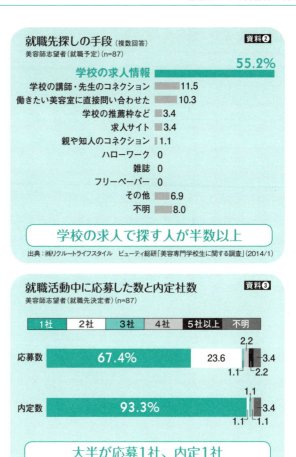

のじー: もう少し自由に応募して比較検討する要素があってもいいように感じますね。サロン側も、もっと情報発信をしていってよいように思います。

---

point 美容専門学校生は狭い範囲の情報の中から進路選択や意思決定をしている

何歳まで美容師を続けたいかの真実
30歳まで
※美容専門学校生に聞きました

32.2%

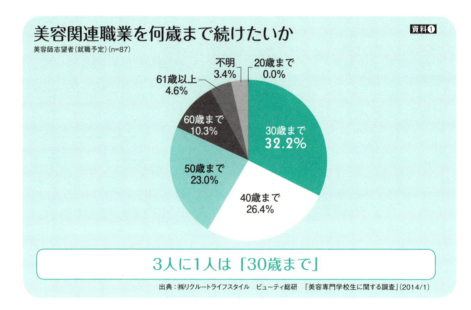

美容関連職業を何歳まで続けたいか
美容師志望者（就職予定）(n=87)

- 不明 3.4%
- 61歳以上 4.6%
- 60歳まで 10.3%
- 50歳まで 23.0%
- 40歳まで 26.4%
- 30歳まで 32.2%
- 20歳まで 0.0%

資料①

3人に1人は「30歳まで」

出典：㈱リクルートライフスタイル　ビューティ総研　「美容専門学校生に関する調査」(2014/1)

キャリア観には個人差がある

ハム子：こちらは、美容師として就職する予定の学生に聞いた調査です【資料①】。

ゆみ：就職する前から「30歳までしか続けない」と思っている人が3割もいるというのはショックです……。

ハム子：一方で、50歳、60歳まで働きたいという人たちも、3割以上いるんですよね。

のじー：この数字だけ見ても、キャリアに関する考え方は、かなり個人差があると言えます。

一概に「今の若い人たちはこう考えている」と決めつけずに、一人ひとりと丁寧な会話をして、将来の展望を聞いていくことが大事になってくるでしょうね。

ハム子：その「展望」ですが、美容業界に就職する予定の学生に「理想的な未来像」を聞いたところ、10年後も「最初に就職したサロンで働いている」ことを理想とした人が23.3％。「独立している」ことを理想とした人が30.9％という回答になりました【資料②】。

ゆみ：この未来像にもかなり個人差があるように感じます。

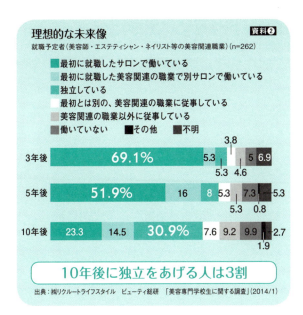

のじー：サロンの現場では、「今の若い人たちには独立志向がない」「最初に入ったサロンから動きたくないと考える人が増えてきた」などと言われますが、3割の人が独立したいと考えているわけですから、決して独立志向がないというわけではありません。

ハム子：美容専門学校生は女性のほうが男性よりも多く、この質問に対する回答者も女性のほうが多いので、女性でも独立志向を持っている人が一定数いると考えていいと思います。

ゆみ：集客の難しさなど、独立起業のハードルは上がっていると聞きます。やはり、一人ひとりのキャリア観を確認してサロンとしてどのようなキャリアサポートができるかを考えていくことが重要になりそうですね。

point　独立や転職、何歳まで働きたいのかというようなキャリアプランに関する会話が必要

女性が活躍するのに必要な環境の真実
「職場の仲間の理解」
※女性美容師に聞きました

51.5%

女性が活躍するのに必要な環境 (複数回答)
女性美容師(n=206)　　　　　　　　　　　　　　　　　　　　　　　資料①

項目	%
職場の仲間の理解	51.5%
個別の事情に合わせた融通がきく職場環境	50.0
経営者の理解	42.7
サロンの中に働き方がいろいろあって選択できること	35.9
誰にも公平な産休・育休などの制度	28.2
働き方のロールモデル	14.6
お客様の理解	14.1
サロンの中に職種がいろいろあって選択できること	5.8

「制度」よりも「理解」を重要視

出典：㈱リクルートライフスタイル　ビューティ総研「女性美容師アンケート」(2014/3)

女性の継続勤務意欲はとても高い！

ハム子：こちらの3つのデータは、すべてビューティ総研の女性美容師限定セミナーに参加してくださった方々へのアンケート調査です。

ゆみ：セミナーに参加されているくらいだから「長く働きたい」という意欲が強い人たちの回答といえるでしょうが、長く働くために必要なのは「仲間の理解」、「職場環境」、「経営者の理解」と続いていて、制度以上に職場の理解が重要だとみんなが考えていることがわかりますね【資料①】。

ハム子：出産・育児に対する制度について聞いたところ、約5割が「制度無し」という回答で

した【資料②】。

のじー：本来「制度無し」というのは問題ですが、実際にはまだ該当スタッフがいないという状況もあるようです。美容業界は職場にモチベーションを感じるスタッフが多い業界です。「個別に対応してくれる」というサロンが約3分の1ありますが、一人ひとりの働き方に合わせた柔軟性が必要だと感じますね。

ハム子：女性の「長く働きたい」意欲はとても高く【資料③】、20代、30代で辞めたいという人は5.5％しかいないのです。

ゆみ：p10の【資料①】とはずいぶんギャップがある数字です。女性美容師さんたちがこれだけ働きたいと思っていることを、経営者の方々にもっと知ってもらえるといいですよね。

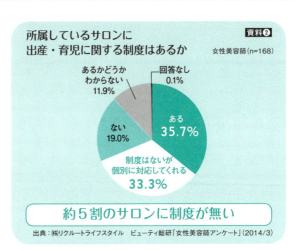

資料② 所属しているサロンに出産・育児に関する制度はあるか（女性美容師 n=168）
- ある 35.7%
- 制度はないが個別に対応してくれる 33.3%
- ない 19.0%
- あるかどうかわからない 11.9%
- 回答なし 0.1%

約5割のサロンに制度が無い

出典：㈱リクルートライフスタイル　ビューティ総研「女性美容師アンケート」（2014/3）

資料③ いつまで働きたいですか？（女性美容師 n=145）

平均	54.2歳
20代	1.4%
30代	4.1%
40代	8.3%
50代	17.9%
60代以上	27.6%
できる限りずっと	40.7%

「できる限りずっと」が4割以上

出典：㈱リクルートライフスタイル　ビューティ総研「女性美容師アンケート」（2014/3）

のじー：女性の離職率の高さはどのサロンでも課題になっています。でも実際は女性の継続勤続意欲はここまで高いことを認識して、働きやすい職場の環境づくりに取り組んでいくと、状況はずいぶん変わるのではないかと感じます。

---

point
「働き続けたい気持ち」は高くても
「実際の勤続年数」は短い
ギャップを埋めるには経営者と仲間の理解が重要

現在の経営の問題点の真実

※サロン経営者に聞きました

第1位 人材確保

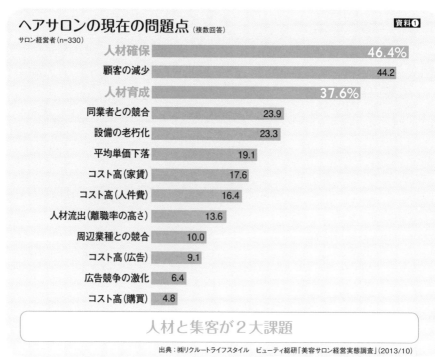

ヘアサロンの現在の問題点（複数回答）

サロン経営者(n=330)　資料①

項目	%
人材確保	46.4%
顧客の減少	44.2
人材育成	37.6%
同業者との競合	23.9
設備の老朽化	23.3
平均単価下落	19.1
コスト高（家賃）	17.6
コスト高（人件費）	16.4
人材流出（離職率の高さ）	13.6
周辺業種との競合	10.0
コスト高（広告）	9.1
広告競争の激化	6.4
コスト高（購買）	4.8

人材と集客が2大課題

出典：㈱リクルートライフスタイル　ビューティ総研「美容サロン経営実態調査」(2013/10)

「人材」に対する課題意識が高まっている

ハム子：こちらはサロンの経営者の方々に聞いたデータです。現在の課題として「人材確保」「人材育成」など、人材面での課題をあげるサロンが多いという結果になりました【資料①】。

ゆみ：採用と集客がサロンの2大課題だとよく言われますが、近年は「顧客の減少」以上に

職業としての美容師の真実 09

「スタッフの減少」が問題になっていますね。

ハム子：今後の方針でも、人材育成と人材確保に力を入れたいと考えているサロンが多いことがわかりました【資料②】。

のじー：単純に今いる人を引き止めるということだけではなく、「中長期的な雇用に取り組まなくてはいけない」とサロンが考え始めた結果だと思います。ミドル・シニア層に至るまでの雇用と、人事制度の確立などが求められていると感じます。

ハム子：今後採用したい職種に関しては、アシスタントやスタイリストという回答だけではなく、レセプションやネイリスト、アイリストの希望も一定数ありました【資料③】。

のじー：この調査からはトータルビューティにつながる今後の兆しを感じました。今後、スタッフの多様なキャリアパスを考えていく上で、美容師職以外の可能性が開かれていくのは良いことです。いろんな職種のスタッフが支えあい育成しあっていくことで、美容業界に多様性が生まれていくように感じます。

資料②
今後の方針：経営管理面（複数回答）
サロン経営者(n=330)

- 人材育成　53.3%
- 人材確保　40.9%
- 福利厚生　28.2
- 人材制度確立　23.3

今後力を入れたいのは「人材」の分野

出典：㈱リクルートライフスタイル　ビューティ総研「美容サロン経営実態調査」(2013/10)

資料③
採用したい職種（複数回答）
サロン経営者(n=330)

- アシスタント　52.4
- スタイリスト　39.4
- レセプション　7.0%
- ネイリスト　6.4%
- アイリスト　6.1%
- エステティシャン　1.8

美容師以外の職種も採用したいと考えている

出典：㈱リクルートライフスタイル　ビューティ総研「美容サロン経営実態調査」(2013/10)

---

point　人材育成は、トータルビューティも視野に入れた多様なキャリアパスを考えたい

引退美容師の離職時期の真実
20代前半
※引退した美容師に聞きました

(女性) 40.5%　　**(男性) 27.8%**

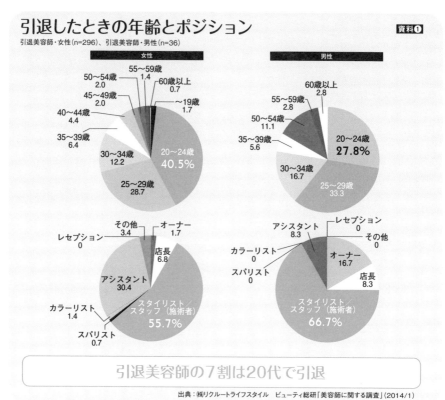

引退したときの年齢とポジション　資料①
引退美容師・女性(n=296)、引退美容師・男性(n=36)

【女性】
- ～19歳 1.7
- 20～24歳 40.5%
- 25～29歳 28.7
- 30～34歳 12.2
- 35～39歳 6.4
- 40～44歳 4.4
- 45～49歳 2.0
- 50～54歳 2.0
- 55～59歳 1.4
- 60歳以上 0.7

- レセプション 0
- アシスタント 30.4
- カラーリスト 1.4
- スパリスト 0.7
- スタイリスト/スタッフ(施術者) 55.7%
- 店長 6.8
- オーナー 1.7
- その他 3.4

【男性】
- 20～24歳 27.8%
- 25～29歳 33.3
- 30～34歳 16.7
- 35～39歳 5.6
- 50～54歳 11.1
- 55～59歳 2.8
- 60歳以上 2.8

- レセプション 0
- アシスタント 8.3
- カラーリスト 0
- スパリスト 0
- スタイリスト/スタッフ(施術者) 66.7%
- 店長 8.3
- オーナー 16.7
- その他 0

引退美容師の7割は20代で引退

出典：㈱リクルートライフスタイル　ビューティ総研「美容師に関する調査」(2014/1)

早期退職が多い美容業界

ハム子：美容業界を引退した人たちに対する調査です。引退したときの年齢は20代、ポジション的にはスタイリストで辞めた人が一番多いようです【資料①】。

10 職業としての美容師の真実

ゆみ：引退の理由は男女でずいぶん違いますね【資料②】。

ハム子：男性は主に給与面が理由になっていますが、女性は労働環境に理由が集中しています。

のじー：IT化や顧客マネジメント、在庫マネジメントなどにより効率や生産性を見直すことで、労働環境を改善できる余地はありそうです。

ハム子：美容業界の課題を見ていくと、引退美容師では給与と労働時間の問題をあげる人が多いのに対し、現役美容師ではそれに加えて低価格店の増加や価格競争が課題の上位にきています【資料③】。

のじー：単価の低下と、給与、労働時間の問題は直結しています。働きやすさと仕事に見合った給与を担保するためにも、価格競争に巻き込まれないサロン経営が重要になってきそうです。

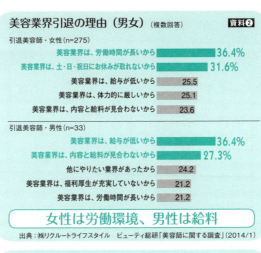

資料②　美容業界引退の理由（男女）（複数回答）

引退美容師・女性（n=275）
- 美容業界は、労働時間が長いから　36.4%
- 美容業界は、土・日・祝日にお休みが取れないから　31.6%
- 美容業界は、給与が低いから　25.5
- 美容業界は、体力的に厳しいから　25.1
- 美容業界は、内容と給料が見合わないから　23.6

引退美容師・男性（n=33）
- 美容業界は、給与が低いから　36.4%
- 美容業界は、内容と給料が見合わないから　27.3%
- 他にやりたい業界があったから　24.2
- 美容業界は、福利厚生が充実していないから　21.2
- 美容業界は、労働時間が長いから　21.2

女性は労働環境、男性は給料

出典：㈱リクルートライフスタイル　ビューティ総研「美容師に関する調査」（2014/1）

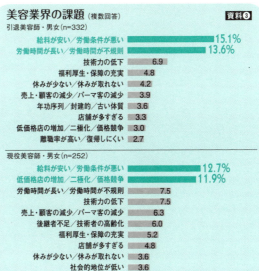

資料③　美容業界の課題（複数回答）

引退美容師・男女（n=332）
- 給料が安い／労働条件が悪い　15.1%
- 労働時間が長い／労働時間が不規則　13.6%
- 技術力の低下　6.9
- 福利厚生・保障の充実　4.8
- 休みが少ない／休みが取れない　4.2
- 売上・顧客の減少／パーマ客の減少　3.9
- 年功序列／封建的／古い体質　3.6
- 店舗が多すぎる　3.3
- 低価格店の増加／二極化／価格競争　3.0
- 離職率が高い／復帰しにくい　2.7

現役美容師・男女（n=252）
- 給料が安い／労働条件が悪い　12.7%
- 低価格店の増加／二極化／価格競争　11.9%
- 労働時間が長い／労働時間が不規則　7.5
- 技術力の低下　7.5
- 売上・顧客の減少／パーマ客の減少　6.3
- 後継者不足／技術者の高齢化　6.0
- 福利厚生・保障の充実　5.2
- 店舗が多すぎる　4.8
- 休みが少ない／休みが取れない　3.6
- 社会的地位が低い　3.6

引退・現役では課題に差が

出典：㈱リクルートライフスタイル　ビューティ総研「美容師に関する調査」（2014/1）

---

point　引退の理由には男女差があり、特に女性美容師はアシスタント時の離職が多い

引退美容師の復帰意向の真実

※引退した美容師に聞きました

（女性）22.3%　（男性）19.5%

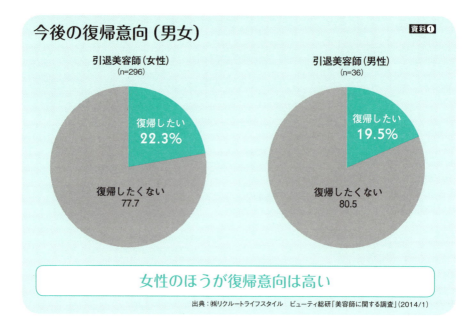

今後の復帰意向（男女）　資料①

引退美容師（女性）(n=296)
- 復帰したい 22.3%
- 復帰したくない 77.7

引退美容師（男性）(n=36)
- 復帰したい 19.5%
- 復帰したくない 80.5

女性のほうが復帰意向は高い

出典：㈱リクルートライフスタイル　ビューティ総研「美容師に関する調査」(2014/1)

引退美容師の再雇用の可能性

ゆみ：美容業界を離れた人たちのうち、5人に1人は業界に復帰したいんですね！　この方々の再雇用を進めていけるといいですね【資料①】。

ハム子：復帰意向は女性のほうがやや高く、しかも、美容業界を離れた女性のうち17.9％は現在働いていないということもわかりました【資料②】。

ゆみ：女性の場合、転職するために業界を離れた人だけではなく、結婚や出産で業界を離れ

職業としての美容師の真実

た人もいるでしょうから、そのような人たちが今、職を持っていないのかもしれないですね。

のじー：一度美容業界を離れた人たちがどのような条件が整えば復帰したいと思っているのかという調査が【資料③】です。

ハム子：特に女性は「自宅から近いこと」「残業がないこと」など、労働環境への希望が大きいですね。

のじー：以前に比べると、美容業界もトータルビューティ化で職種や働き方に多様性が生まれつつありますから、引退美容師が復帰しやすい環境が整い始めています。

ゆみ：サロン側は、そのことをもっとアピールできるといいですね。

のじー：今後は若い美容師のなり手を増やすことと同時に、復帰意向のある引退美容師を掘り起こす取り組みが、美容業界の人手不足解消につながるかもしれません。

美容業界を離れた人の職業 (複数回答)　資料②

引退美容師・女性(n=296)
- 飲食店・食品・飲料　18.6
- 小売　10.8
- 製造　8.8
- 働いていない　17.9%

引退美容師・男性(n=36)
- 製造　22.2
- 小売　16.7
- 運輸　11.1
- 働いていない　5.6

女性は働かなくなる人が約2割

出典：㈱リクルートライフスタイル　ビューティ総研「美容師に関する調査」(2014/1)

復帰の条件（男女）(複数回答)　資料③

引退美容師・女性(n=296)
- 自宅から近い　48.6%
- 残業のない労働時間である　39.5
- サロン内の円滑な人間関係　37.8
- 仕事の内容と見合う給料が支払われる　32.4
- 有給制度が整っており、取得しやすい　29.7

引退美容師・男性(n=36)
- 仕事の内容と見合う給料が支払われる　27.8%
- 自宅から近い　22.2
- 美容師、理容師としての技術能力を上げる制度・研修がある　22.2
- 自分の能力に対して正しく評価してもらえる制度がある　22.2
- 社会保険に加入している　19.4

女性の約半数が自宅からの利便性を希望

出典：㈱リクルートライフスタイル　ビューティ総研「美容師に関する調査」(2014/1)

---

point
復帰を希望している元美容師も一定数いる
引退美容師の復帰意向を取り込めるような環境整備を

COLUMN1

美容師になりたい学生が迷った職業

　以前、高校の進路指導の先生方とお話をさせていただく機会があり、その中である先生が「昔と今では、美容専門学校を目指す学生のタイプが変わってきた」とお話されていたのが印象的でした。

　以前であれば「調理師」「ファッションデザイナー」「ウェブデザイナー」などの職業への進路と迷って美容師（美容専門学校）を選んでいる学生が多かったけれど、今は「介護」「福祉」「ウェディングプランナー」などの職業と迷って美容専門学校を検討している学生が多くなったというお話でした。それを聞いていた他の高校の先生たちも、一様に「うちも、同じです」とおっしゃっていたので、いろんな高校で見られる傾向のようです。

　調理師とファッションデザイナーと美容師を迷った学生さんは「モノを作りたい、生み出したい」という気持ちがある人たちのように思います。けれども、介護福祉士、ウェディングプランナーなどと美容師という職業を迷った学生さんたちは、「人の役に立ちたい、ありがとうと言われたい」という気持ちが強い人たちなのではないでしょうか。

　私自身も昨年、大学4年生に講義をし、その職業観にも触れてきたのですが、今の若い人たちは「その仕事は社会にどのように貢献できる仕事なのか」ということをとても大事にすると感じました。

　美容師という職業は、技術職であり、接客業であり、デザイナーでもあり、教育者でもあり、独立すれば経営スキルも求められる職業です。いろんな側面を持つ「美容師」という職業の、どの側面に魅力を感じて美容業界にとびこんできたのか。それを理解することから、キャリアのプランニングが始まるのかな、そんなことを思いました。

　今こそ「美容師という仕事は、人の人生に一生寄り添っていける素晴らしい仕事なのだ」という魅力を、若い世代に伝えていきたいですね！

ライター　佐藤友美

第 2 章

ヘアサロンのメニューの真実

ビューティ総研がスタートして以来、半年に一度のペースで
全国のお客さまにアンケート調査をしている「美容センサス」のデータを柱に、
お客さまの来店頻度や単価、各メニューについての真実を見ていきます。

- No. 12　ヘアサロン年間利用回数の真実……p.34
- No. 13　メニュー利用率の真実……p.36
- No. 14　カラーリングメニュー利用率の真実……p.38
- No. 15　ヘッドスパ取り扱いサロンと利用者の真実……p.40
- No. 16　ネイルメニュー提供サロンの真実……p.42
- No. 17　サロンでのネイルメニュー利用率の真実……p.44
- No. 18　サロンでのアイビューティ利用率の真実……p.46
- No. 19　売上が高い月の真実……p.48
- No. 20　リピーター獲得の真実……p.50
- No. 21　IT化・情報化対応の真実……p.52

ヘアサロン年間利用回数の真実
3回以下
※20〜49歳の女性に聞きました

女性の約6割

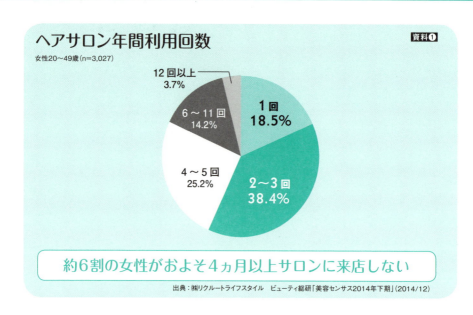

ヘアサロン年間利用回数 資料①
女性20〜49歳(n=3,027)

- 1回 18.5%
- 2〜3回 38.4%
- 4〜5回 25.2%
- 6〜11回 14.2%
- 12回以上 3.7%

約6割の女性がおよそ4ヵ月以上サロンに来店しない

出典:㈱リクルートライフスタイル ビューティ総研「美容センサス2014年下期」(2014/12)

ヘアサロン離れが進んでいる?

ハム子:年間利用回数を調査したデータです。サロンに年に3回以下しか行かないお客さまが約6割という結果が出ました【資料①】。

ゆみ:ちょっと衝撃的ですね。来店頻度って2〜3ヵ月に1度だと思っていました。

のじー:サロン側には「2〜3ヵ月に1回の来店」という相場観がありますが、実際には4ヵ月以上来店しない人が約6割もいることに目を向ける必要がありますね。

ハム子:消費税率アップの影響もあったと思いますが、2014年下期は経年の利用回数も減っ

12 ヘアサロンのメニューの真実

ています【資料②】。F1、F2層ともに年に1回しか利用しない人の割合が前回に比べて、約6ポイントも増えていますね。

ゆみ：特にF1層の「年に1回だけ利用」が2割を超えてしまったことが気になりますね。利用金額も下がっているし……【資料③】。黒髪ブームやナチュラル志向の女性の増加が来店頻度に影響したのかな。

ハム子：セミナーなどでは、年に6回以上通ってくれるようなロイヤルカスタマーを大事にしていこうという話をよく聞きますが、同時に<u>年に3回以下しかサロンを利用しない人の来店頻度をあげる</u>ことも重要ですね。

のじー：お客さまにとって、ヘアサロンが特別な日に行く場所になりすぎているのかもしれません。もっと<u>気軽に日常的に利用してもらえる工夫</u>が必要になりそうです。

資料② 年間利用回数年代別・時系列別

		年間利用回数平均(回)	1回	2〜3回	4〜5回	6〜11回	12回以上
F1層 (20〜34歳)	2013上期 n=1,579	4.36	10.8	36.0	28.7	18.1	6.4
	2013下期 n=1,513	4.40	12.9	32.8	31.1	16.3	6.9
	2014上期 n=1,479	4.22	14.3	33.8	29.6	16.0	6.3
	2014下期 n=1,501	3.56	20.5	38.8	24.1	13.1	3.5
F2層 (35〜49歳)	2013上期 n=1,591	4.78	8.6	31.5	31.2	20.4	8.3
	2013下期 n=1,520	4.60	10.7	33.4	28.4	19.6	7.8
	2014上期 n=1,522	4.56	10.6	34.2	28.7	18.5	8.0
	2014下期 n=1,526	3.81	16.5	37.9	26.4	15.3	3.9

サロン利用が年に3回以下の割合が増え続けている

出典：㈱リクルートライフスタイル　ビューティ総研「美容センサス2014年下期」(2014/12)

資料③ 利用金額（女性20〜49歳）

		1回あたり利用金額平均	前年同時期との差	〜2,000円	2,001〜4,000円	4,001〜6,000円	6,001〜8,000円	8,001〜10,000円	10,001円以上
全体	2013下期 n=3,131	¥6,698	¥-188	10.3	23.9	23.6	11.8	15.4	15.0
	2014下期 n=3,130	¥6,510		11.3	24.4	23.1	12.2	16.1	12.8

1回あたり4,000円以上支払うお客さまが減少

出典：㈱リクルートライフスタイル　ビューティ総研「美容センサス2014年下期」(2014/12)

---

point サロンの利用が少ない年1〜3回の来店客に対するアプローチを見直してみては

メニュー利用率の真実
カット単品
※20〜49歳の女性に聞きました

60.4%

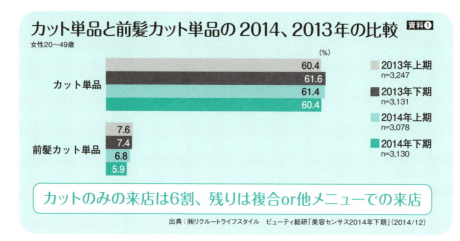

カット単品と前髪カット単品の2014、2013年の比較 　資料①

女性20〜49歳

カット単品
- 60.4 (2013年上期 n=3,247)
- 61.6 (2013年下期 n=3,131)
- 61.4 (2014年上期 n=3,078)
- 60.4 (2014年下期 n=3,130)

前髪カット単品
- 7.6
- 7.4
- 6.8
- 5.9

カットのみの来店は6割、残りは複合or他メニューでの来店

出典：㈱リクルートライフスタイル　ビューティ総研「美容センサス2014年下期」(2014/12)

パーマとトリートメント施術は大幅に減少

ハム子：お客さまが利用したメニューについてのデータです。この1年間のサロン利用のうち、60.4%はカットのみでの来店でした。ここ2年間の4回の調査ではこの割合はだいたい6割強で、あまり大きな差はありません【資料①】。

ゆみ：前髪カット単品での来店はどんどん減ってきていますね。前髪カットだけでは来店しにくいと思われているのかなあ。

のじー：前髪カットのように単価が低いメニューでは、気軽にサロンに行きにくいと思われているのだとすると、そういうお客さまの心理が来店頻度の低下【p35資料②参照】につながっている可能性はありそうですね。

ハム子：直近1年間にパーマを利用した人の割合は年々減少しています【資料②】。特にF1層

ヘアサロンのメニューの真実 13

では3割に近かった利用率が、2割にまで落ち込んでいるんです。

ゆみ：パーマ離れはヘアカタログを作っている私たちも実感しています。

ハム子：トリートメントメニューの利用比率も、年々減少しています【資料③】。今まで微増していたF1層も、ここにきて急激に落ち込んでいます。

のじー：2014年下期の落ち込みに関しては増税の影響もあるかもしれません。

ゆみ：本来、加齢毛など、ヘアケアに力を入れたくなるはずのF2層も、トリートメントを14.9％しか利用していないんですね。

のじー：カット単品での利用がそこまで増えているわけではありませんが、<u>パーマ離れ、トリートメント離れは、明らかに客単価の減少につながっている</u>と考えられます。

パーマメニュー利用率の年代別・時系列別 資料②

		(%)
F1層（20〜34歳）	2013上期 n=1,628	28.1
	2013下期 n=1,569	24.2
	2014上期 n=1,530	21.4
	2014下期 n=1,557	20.4
F2層（35〜49歳）	2013上期 n=1,619	26.4
	2013下期 n=1,562	25.2
	2014上期 n=1,548	24.6
	2014下期 n=1,573	21.2

F1層、F2層とも2割まで減少

出典：㈱リクルートライフスタイル　ビューティ総研「美容センサス2014年下期」(2014/12)

トリートメントメニュー利用率の年代別・時系列別 資料③

		(%)
F1層（20〜34歳）	2013上期 n=1,628	24.4
	2013下期 n=1,569	24.8
	2014上期 n=1,530	24.9
	2014下期 n=1,557	20.2
F2層（35〜49歳）	2013上期 n=1,619	21.5
	2013下期 n=1,562	19.2
	2014上期 n=1,548	18.2
	2014下期 n=1,573	14.9

2014年上期から下期にかけての減少が大きい。特にトリートメントが上がっていたF1層までも減少

出典：㈱リクルートライフスタイル　ビューティ総研「美容センサス2014年下期」(2014/12)

---

point　2014年下期はパーマ率、トリートメント率が大きく減少した。増税の影響も？

カラーリングメニュー利用率の真実

※20～49歳の女性に聞きました

46.7%

※20～49歳の女性の平均

カラーリングメニュー利用率の年代別・時系列別　資料①

(%)

F1層(20～34歳)			
2013上期	n=1,628		51.5
2013下期	n=1,569		48.9
2014上期	n=1,530		48.4
2014下期	n=1,557		48.8

F2層(35～49歳)			
2013上期	n=1,619		50.5
2013下期	n=1,562		46.9
2014上期	n=1,548		46.6
2014下期	n=1,573		44.6

最新のF1、F2層のカラーリングメニュー利用率は46.7%

出典：㈱リクルートライフスタイル　ビューティ総研「美容センサス2014年下期」(2014/12)

F1層もF2層もカラー離れが進んでいる

ハム子：この1年間サロンに行ったことがある人のうち、サロンでヘアカラーをしたことがある人の割合です。2014年の下期は、F1層で48.8%、F2層で44.6%がヘアサロンでのカラーリングメニューを利用していました【資料①】。

ゆみ：このデータを見て気になるのは、F2層のヘアカラー離れです。F1層では、この2年ほど黒髪ブームがあったので、カラーリング率が下がっているのは予想していたのですが、F2層では、白髪染めが必要な人たちも多い世代ですよね。それなのに、年々サロンでのヘアカラー率が下がっている……。

のじー：利用率だけではなく、ヘアカラーの年間利用回数もずいぶん減っています。F1層、F

ヘアサロンのメニューの真実 14

2層ともに、2014年下期は利用回数が減っています。特にF2層は、0.5ポイント近くも減っています【資料②】。

ハム子：これもやはり増税の影響があるかもしれませんが、<mark>増税をきっかけにヘアカラー離れが加速している可能性</mark>もあります。

ゆみ：これだけサロンでのヘアカラー率が減っているということは、ホームカラーが増えているということですか？

ハム子：それが、そうでもないのです。自宅でのヘアカラー率は、F1層では微増ですが、F2層では減り続けています【資料③】。<mark>サロンでのヘアカラーだけではなく、全体的なヘアカラー率が下がっている</mark>と言えそうです。

ゆみ：ヘアカラー離れを防ぐ取り組みについて業界全体で考えていかなくてはいけませんね。

カラーリングメニュー利用回数の年代別・時系列別　資料②

(回)

F1層 (20〜34歳)	2013上期 n=1,603	3.94
	2013下期 n=1,607	3.89
	2014上期 n=1,553	3.82
	2014下期 n=1,544	3.54
F2層 (35〜49歳)	2013上期 n=1,507	4.33
	2013下期 n=1,536	4.31
	2014上期 n=1,539	4.34
	2014下期 n=1,551	3.88

回数も2014年上期から下期への落ち幅が大きい

出典：㈱リクルートライフスタイル　ビューティ総研「美容センサス2014年下期」(2014/12)

自宅ヘアカラー率の年代別・時系列別　資料③

(%)

F1層 (20〜34歳)	2013上期 n=1,800	26.1
	2013下期 n=1,800	22.9
	2014上期 n=1,800	20.7
	2014下期 n=1,800	20.9
F2層 (35〜49歳)	2013上期 n=1,800	39.7
	2013下期 n=1,800	38.2
	2014上期 n=1,800	35.9
	2014下期 n=1,800	35.3

自宅カラー率も減少

出典：㈱リクルートライフスタイル　ビューティ総研「美容センサス2014年下期」(2014/12)

---

point　サロンでも自宅でもカラー率が下がっている
ヘアカラー離れが進んでいるのでは？

ヘッドスパ取り扱いサロンと利用者の真実

※20〜49歳の女性に聞きました

取り扱いサロン 70.6% に対して 利用者は 8.0%

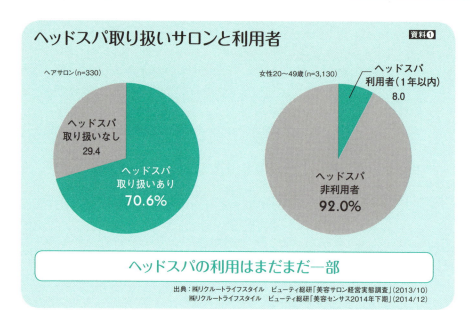

ヘッドスパの利用はまだまだ一部

出典：㈱リクルートライフスタイル　ビューティ総研「美容サロン経営実態調査」(2013/10)
　　　㈱リクルートライフスタイル　ビューティ総研「美容センサス2014年下期」(2014/12)

意外と少ないヘッドスパ利用率

ゆみ：これまた衝撃的な結果なんですが……。ヘッドスパの利用者って、1割もいないんですか？　業界的にはものすごく盛り上がっていると思っていたのですが。

ハム子：この1年間でヘッドスパをしたことがある人は、8.0%という結果でした【資料①】。ヘッドスパをメニューに取り入れているサロンが7割以上あるのに対して、この利用率はずいぶん低く感じます。ヘッドスパの効能など、良さが十分に伝わっていないのでは？

のじー：F1層もF2層も、1年前に比べてヘッドスパの利用率は減っています。特にF2層の

ヘアサロンのメニューの真実

減り幅は大きいですね【資料②】。

ハム子：サロンとしてはＦ２層にこそ利用してほしいメニューですよね。

ゆみ：この数字を見ると、一度試してみた人が定着せず、リピートしていない可能性もありそうですね。

ハム子：一方、サロンとして今後力を入れていきたい施術を聞いたところ、ヘッドスパと答えたサロンが28.5％と、断トツに多かったんです【資料③】。

のじー：この１年でヘッドスパの利用率が下がった理由や、そもそも１割以下しかヘッドスパ利用者がいない現状を分析していかないと、サロンの思惑どおりには、お客さまを取り込めない可能性がありますね。

ゆみ：ヘッドスパに関しては、上手くメニュー化して売りにできているサロンと、できていないサロンの差が大きいようにも感じます。成功事例に学んでいくことも重要かもしれませんね。

point　サロンが力を入れているヘッドスパはまだまだ定着しておらず、ここ１年で減少傾向

ネイルメニュー提供サロンの真実

※ヘアサロンに聞きました

11.5%

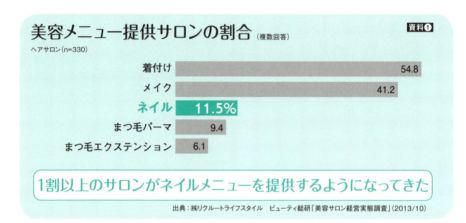

美容メニュー提供サロンの割合 (複数回答)　資料①
ヘアサロン(n=330)

メニュー	%
着付け	54.8
メイク	41.2
ネイル	11.5%
まつ毛パーマ	9.4
まつ毛エクステンション	6.1

1割以上のサロンがネイルメニューを提供するようになってきた

出典:㈱リクルートライフスタイル　ビューティ総研「美容サロン経営実態調査」(2013/10)

ヘア以外のメニューの可能性

ハム子:ここではヘアサロンで提供されている、ヘア以外の美容メニューについて見ていきたいと思います。多かったのは着付けとメイクで、それぞれ5割以上、4割以上のサロンでメニュー提供されていました【資料①】。

ゆみ:次に多いのがネイルですね。ここ数年、ネイルができるヘアサロンが増えているような印象を受けていましたが、11.5%のサロンでネイルができるんですね。

ハム子:まつ毛パーマを提供しているサロンも1割近くあります。

のじー:アイビューティに関しては、美容師法の厳格化にともなって美容師免許が必須になりましたので、ヘアサロンでの導入に追い風になったように思います。

ハム子:そのアイビューティに関してですが、特にまつ毛エクステンションはメニューの価

ヘアサロンのメニューの真実 16

格は着付けの次に高いんですよね【資料②】。

ゆみ：ヘアサロンの1回あたりの利用金額が6,510円であることを考えると【p35資料③参照】、まつ毛エクステンションの4,537円、ネイルの4,462円というメニュー料金は、サロンの収益の柱になりうる価格帯ですね。

のじー：実は、ネイルやアイビューティは、専門サロン以外での施術割合が3割を超えています【資料③】。ネイルサロンやアイビューティサロンで施術するのではなく、ヘアサロンでも施術する人は相当数いるのではないでしょうか。

ゆみ：今後、ネイルやアイビューティを取り入れたいと考えているサロンも多いと思いますが、これらのメニューがサロンの売上を支えてくれる可能性も十分ありそうです。

資料②　美容メニュー価格帯
ヘアサロン（n=330）

メニュー	価格（円）
着付け	6,813
まつ毛エクステンション	4,537
ネイル	4,462
メイク	3,244
まつ毛パーマ	2,839

最も高単価なのは着付け　次はまつ毛エクステ、ネイルの順

出典：㈱リクルートライフスタイル　ビューティ総研「美容サロン経営実態調査」(2013/10)

資料③　ヘア以外の美容メニューをどこでやっているか
女性20～64歳　(%)

メニュー	専門サロン	併用	専門サロン以外	自宅のみ	専門サロン利用率	専門サロン以外利用率
ネイルメニュー n=112	58.9	1.8	30.4	8.9	60.7	32.2
アイビューティメニュー n=90	50.0	3.3	41.1	5.6	53.3	44.4
エステティックメニュー（フェイシャル）n=146	63.0	1.4	33.6	2.1	64.4	35.0
エステティックメニュー（痩身）n=44	65.9	2.3	31.8		68.2	34.1
エステティックメニュー（脱毛）n=150	92.7	1.3	3.3	2.7	94.0	4.6
リラクゼーションメニュー（着衣）n=302	71.2	11.3	14.6	3.0	82.5	25.9
リラクゼーションメニュー（脱衣）n=91	53.8	11.0	33.0	2.2	64.8	44.0

アイビューティは3割超、ネイルは4割超が専門サロン以外で施術している

出典：㈱リクルートライフスタイル　ビューティ総研「メニュー基点調査」(2013/8)

---

point　専用サロン以外でネイルやアイの施術をするお客さまも多い
ヘアサロン→ビューティサロン化させることも一考

サロンでのネイルメニュー利用率の真実

※20〜49歳の女性に聞きました

8.2%

ネイルメニュー利用率、経験率

女性20〜49歳（各年n=1,800）

■利用率（過去1年）　■休止率（1年より前）

(%)

	利用率（過去1年）	休止率（1年より前）
2011年上期	9.7	10.9
2011年下期	9.0	11.4
2012年上期	9.0	11.4
2012年下期	8.9	10.0
2013年上期	8.5	7.9
2013年下期	8.3	13.1
2014年上期	7.1	12.8
2014年下期	8.2	12.6

資料①

サロンでのネイルメニュー利用率は減少傾向

出典：㈱リクルートライフスタイル　ビューティ総研　「美容センサス2014年下期」（2014/12）

ネイルは未経験者が多いマーケット

ハム子：ネイルについての顧客調査です。過去1年以内にネイルメニューを利用したことがある人は8.2％。上期に比べるとやや増えましたが、全体的な傾向としては、年々減少しています。

のじー：過去に1度でもネイルメニューをしたことがある人まで含めても、2割程度。後ほど5章で詳しく触れますが、アジアの国々の中で日本は、ネイルサロン経験者が圧倒的に少ない国です【p112資料①参照】。

ヘアサロンのメニューの真実

ゆみ：逆に言うと、まだ開拓の余地があるマーケットとも言えますよね。

のじー：ただ気になるのは<mark>休止者が利用者よりも多い</mark>という事実です。未経験者の比率はそれほど変わらないのに、休止している人が多いことが懸念されますね。継続してサロンに通ってもらえていないのが現状です。

ハム子：1年間の利用金額は、そのときどきのデザインのトレンドによって増減がある【資料②】ようですが、大局で見ると、この3年間で1割くらい減少しています。

ゆみ：ヘアサロンでのネイル利用率は2.5%【資料③】。これだけを見ると少なく感じますが、ネイル利用者自体が8.2%ですから、<mark>4分の1程度の人は、ヘアサロンでネイルメニューをしている</mark>ということになりますよね。

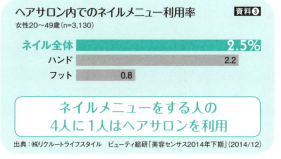

資料② ネイルメニュー利用金額
女性20〜49歳

期	金額	n
2011年上期	6,008	350
2011年下期	5,649	324
2012年上期	5,463	325
2012年下期	5,773	325
2013年上期	5,531	305
2013年下期	5,323	299
2014年上期	5,712	254
2014年下期	5,556	295

ネイルメニューはデザインの変化によって単価の変動が激しい

出典：㈱リクルートライフスタイル　ビューティ総研「美容センサス2014年下期」(2014/12)

資料③ ヘアサロン内でのネイルメニュー利用率
女性20〜49歳(n=3,130)

- ネイル全体　2.5%
- ハンド　2.2
- フット　0.8

ネイルメニューをする人の4人に1人はヘアサロンを利用

出典：㈱リクルートライフスタイル　ビューティ総研「美容センサス2014年下期」(2014/12)

のじー：ネイルメニュー導入ヘアサロンも全国で増えてきていますし、この割合はもっと増えるのではないかと期待できます。

---

point
ネイルメニュー利用率はまだ8.2%と高くない
休止者を増やさないことも重要

サロンでのアイビューティ利用率の真実

※20〜49歳の女性に聞きました

5.9%

アイビューティ利用率、経験率
女性20〜49歳（各年n=1,800）

資料❶

■ 利用率（過去1年）　■ 休止率（1年より前）

（%）

	利用率	休止率
2011年上期	6.0	5.9
2011年下期	5.8	7.3
2012年上期	6.2	6.3
2012年下期	6.2	5.8
2013年上期	6.0	4.3
2013年下期	5.7	7.4
2014年上期	4.7	8.0
2014年下期	5.9	7.1

おおむね6%前後の利用率

出典：㈱リクルートライフスタイル　ビューティ総研「美容センサス2014年下期」(2014/12)

唯一、単価が上昇傾向のアイビューティメニュー

ハム子：この1年間にサロンでアイビューティメニューを利用した人の割合は、5.9%【資料①】。ここ数年はあまり増減がなく、おおむね6%前後の利用率で推移しています。

のじー：アイビューティもネイル同様で、利用者よりも休止者が多い傾向です。アイビューティメニュー離れをしている人たちが多いことがわかります。

ゆみ：休止者を減らす工夫と、そもそもまだ一度もアイビューティをしたことがない8割以

18 ヘアサロンのメニューの真実

上の人たちに対してのアプローチの両方が必要ですね。

ハム子：ただ、ネイルと違ってアイビューティの利用金額は上昇傾向です【資料②】。これは、まつ毛パーマからまつ毛エクステンションへの移行で単価が高くなっているのが理由だと考えられます。

のじー：美容メニューの中で、単価が上がっているのはアイビューティくらいです。専門性の高さが価格上昇の背景になっているとも考えられます。

ゆみ：ネイルやヘアカラーと比べて、アイビューティは自分ではできない美容メニューというところが強いですよね。

ハム子：アイビューティメニューをヘアサロンで行なっている人の割合は2.5％です【資料③】。

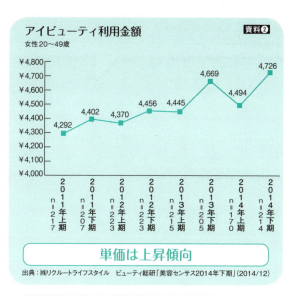

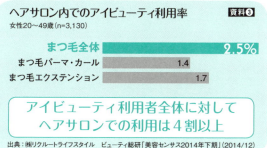

のじー：この数字はアイビューティメニュー利用者全体の4割以上にあたるので、「ヘアサロンでアイビューティメニューをする」ことは今後一般的になっていくかもしれません。

---

point　全体での利用率はまだ低いので
未経験者の取り込みと休止者を増やさないことが重要

売上が高い月の真実

※サロン経営者に聞きました

12, 3, 7月

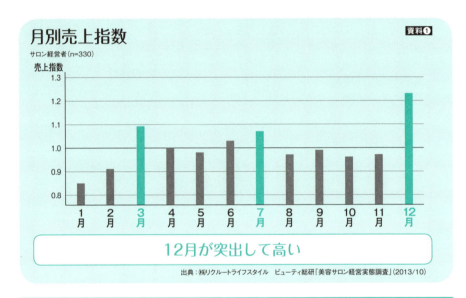

資料①

月別売上指数
サロン経営者(n=330)

12月が突出して高い

出典：㈱リクルートライフスタイル　ビューティ総研「美容サロン経営実態調査」(2013/10)

サロンに来るお客さまの傾向

ハム子：【資料①】は、月別の売上指数をグラフ化したものです。4月を1.0として売上指数を見ると、一番売上が高いのが12月。続いて、3月、7月の順になります。

のじー：売上の多い月、少ない月はサロンによっても傾向が違うと思うので、比較の目安にこのデータを使ってもらえるといいかなと思います。

ゆみ：12月の売上の高さは突出していますね。

のじー：12月の売上が高いのは、イベントの多い月だからと考えられます。後ほど3章の「顧客ニーズの真実」でも触れますが、美容サロンの利用は、現在イベント消費型になりつつあり

ます【p64資料①参照】。

ゆみ：逆に1月と2月の売上は、ずいぶん落ち込むんですね。

のじー：売上が上がりにくい月は、別途対策が必要かもしれません。

ハム子：お客さまの男女比は、約1：3です【資料②】。

ゆみ：4人に1人は男性と考えると、サロンを女性だけのものと考えるのではなく、男性向けのメニュー開発なども必要ですね。

ハム子：年齢層で言うと、30代が4人に1人で一番のボリュームゾーン。3人に1人は、大人世代と言われている40代、50代になります【資料③】。

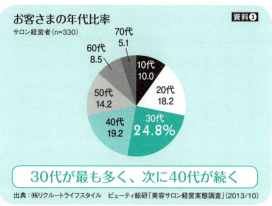

ゆみ：60代・70代も13.6％。この世代は時間的な余裕も金銭的な余裕もあり、人口も多いので、今後はこの世代に対する対応も重要ですね。

のじー：顧客の年齢層もサロンによって差が大きいと思うので、平均と比べてどうなのか、自分たちのサロンの特徴をつかむ目安にしてもらえるといいですね。

point　男女比、年代比を自サロンと比較して自サロンの傾向分析と対策の参考に

リピーター獲得の真実
4回め来店以降

※サロン経営者に聞きました

8割のリピート率

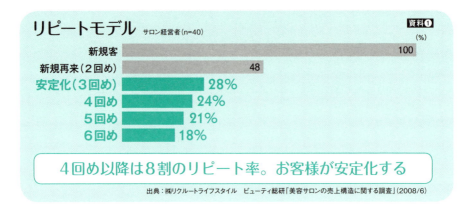

資料①

リピートモデル　サロン経営者(n=40)　(%)

- 新規客: 100
- 新規再来（2回め）: 48
- 安定化（3回め）: 28%
- 4回め: 24%
- 5回め: 21%
- 6回め: 18%

4回め以降は8割のリピート率。お客様が安定化する

出典：㈱リクルートライフスタイル　ビューティ総研「美容サロンの売上構造に関する調査」（2008/6）

顧客管理と分析が重要に

ハム子：ヘアサロンにアンケート調査したデータ資料です。新規客を100とすると、2度めのリピートは約半数。3度めのリピートはその6割となります。4回め以降は8割以上がリピートし、お客さまが固定化していくことがわかりました【資料①】。

ゆみ：よく3回め失客（4回めのリピートが減る）と聞きますが、実際に一番失客が多いのは初回、次が2回めなんですね。

のじー：言い方を変えると、2回め来店と3回め来店をどのように促すかが大事だということがわかります。

ハム子：サロンの8割は、リピートに向けての施策をうっています【資料②】。

ゆみ：DM以外にも、SNSでリピートを促しているサロンも多いんですね。

ヘアサロンのメニューの真実 20

のじー：DMを出すにしても、SNSでフォローするにしても、次回来店を促すときに重要になってくるのがカルテだと思われます。

ハム子：カルテはほとんどのサロンが保有していますが、**その多くは紙のカルテです【資料③】**。

ゆみ：9割以上のサロンは紙のカルテを使用しているんですね。

ハム子：ネットのカルテを利用しているサロンは17.7%ですが、そのうちの半数程度は紙と併用していると考えられます。

ゆみ：POSシステムを利用しているところも3割あるので、今はいろいろ併用している移行期なんでしょうね。

のじー：顧客のニーズを細かくひろったり、ライフイベントと連動させたりするためにも、**今後はカルテのデジタル化が進むのではないかと思います。**

お客さまのリピートへ向けての施策　資料②

サロン経営者(n=451)

リピート施策	有 78.7%	無 21.1

無回答 0.2

サロン経営者(n=354)（複数回答）

DM	90.4%
SNS(Facebook)、ブログ	77.4%
ショップカード(ポイントカード)	70.6
メールマガジン	6.8

DMの次に多いのがSNS

出典：㈱リクルートライフスタイル　ビューティ総研「ヘアサロンの顧客管理体制に関する調査」(2014/9)

カルテの活用　資料③

サロン経営者(n=451)

カルテの有無	有 94.0%	無 6.0%

ヘアサロン(n=354)（複数回答）

項目	1位	2位	3位
カルテの保存方法	紙の台帳 90.1%	POSシステム 29.5%	ネットの台帳 17.7%
カルテの並べ方	50音順 50.0%	来店月順 35.1%	スタイリスト別 27.4%
カルテの記載内容	氏名 99.3%	メニュー 97.9%	来店日 95.8%

今後はさまざまな情報と連動させやすいデジタル化が進むのでは？

出典：㈱リクルートライフスタイル　ビューティ総研「ヘアサロンの顧客管理体制に関する調査」(2014/9)

---

point
顧客化するためには3回め来店までの施策に注力すべき
カルテの活用、デジタル化も視野に入れたい

IT化・情報化対応の真実
ホームページ開設率
※サロン経営者に聞きました

58.8%

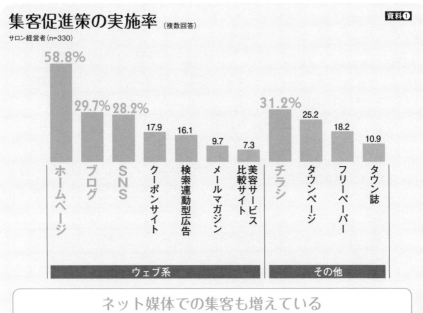

集客促進策の実施率（複数回答）　資料①
サロン経営者(n=330)

- ホームページ 58.8%
- ブログ 29.7%
- SNS 28.2%
- クーポンサイト 17.9
- 検索連動型広告 16.1
- メールマガジン 9.7
- 美容サービス比較サイト 7.3

（ウェブ系）

- チラシ 31.2%
- タウンページ 25.2
- フリーペーパー 18.2
- タウン誌 10.9

（その他）

ネット媒体での集客も増えている

出典：㈱リクルートライフスタイル　ビューティ総研「美容サロン経営実態調査」(2013/10)

ヘアサロンへのIT導入状況

ハム子：ヘアサロンが集客促進のために利用している媒体を聞きました。ホームページを開設しているサロンは約6割、ブログやSNSを活用しているサロンも3割近くにのぼりました【資料①】。

ゆみ：4割のサロンはまだホームページが無いんですね。どちらかというと、そのほうが意

外でした。最近では40代、50代もウェブで情報を集めますから、ホームページの整備を進めることは重要だと感じます。

ハム子：ブログやSNS、クーポンサイトよりは、まだ紙のチラシを利用しているサロンが多いのですが、中でも何を重要視しているかという質問には、利用率とはまた違った結果が出ています【資料②】。

のじー：注力度で言うと、ウェブ系の媒体が多いですね。特にクーポンサイトの注力度は高くなっています。近年ではネット予約も進んできているので、告知だけではなく、予約まで連動できるウェブの媒体の利用が増えてきているのでしょう。

ゆみ：ブログやSNSでは、一方的な発信だけではなく、お客さまとのコミュニケーションも可能です。これからは、お客さまとの関係性も変わっていくでしょうね。

のじー：ウェブに関しては取り組んでいるところと取り組めていないところの差が開いているように感じます。来店頻度も年々下がっている中、サロンだけの接点ではなく、来店していない時間帯にもお客さまと接点を持つことは重要になっていくと思います。

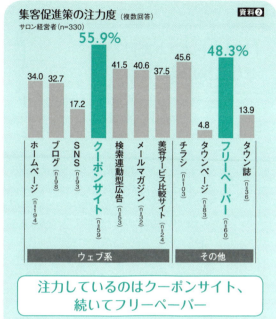

資料②　集客促進策の注力度（複数回答）
サロン経営者(n=330)

- ホームページ (n=194) 34.0
- ブログ (n=108) 32.7
- SNS (n=93) 17.2
- クーポンサイト (n=159) 55.9%
- 検索連動型広告 (n=153) 41.5
- メールマガジン (n=132) 40.6
- 美容サービス比較サイト (n=124) 37.5
- チラシ (n=193) 45.6
- タウンページ (n=83) 4.8
- フリーペーパー (n=160) 48.3%
- タウン誌 (n=36) 13.9

注力しているのはクーポンサイト、続いてフリーペーパー

出典：㈱リクルートライフスタイル　ビューティ総研「美容サロン経営実態調査」(2013/10)

---

point　IT化、情報化が進み
お客さまとの関係性の構築にも変化が

ヘアサロンのメニューの真実

COLUMN2

「トリートメントだけでも、
ぜひご来店ください！」

　知人がスタイリストさんにトリートメントを提案された際に、「興味はあるけれど、今日は時間がなくて……ごめんなさい！」と断ったところ、「今度良かったら、トリートメントだけでもぜひご来店ください。」と言われてびっくりしたそうです。彼女は「トリートメントだけでサロンに行くなんて、お店に申し訳ない！」と思っていたとのこと。

　私も同感でした。以前、サロンへ半年以上通えなかったことがありました。それはサロンでの施術と移動にかかる時間が取れなかったことが原因です。当時私は、「カット＋カラー＋トリートメント」の3メニューをお願いしていたのですが、「3つのメニューを全部頼まなければ、サロンに行きづらい」と思っていました。

　サロンにカット以外のメニューだけ（トリートメントだけ、ヘッドスパだけ……）で来店していいの？と思っている方は、実は多いのではないでしょうか。スタイリストさんに「カット以外のメニューでも来てください！」と言っていただけると、もっと気軽にサロンへ通えるのかもしれません。

　「やりたいことが多く、時間がない」と感じるお客さまは増えているようです。時間に対する意識はどんどんシビアになっています。ヘアサロンへの来店頻度は2013年から2014年にかけて大きく下がりましたが、「サロンへ行く時間」もお客さまの取捨選択の狭間にありそうです。サロンへ行く時間がだんだん作りづらくなって、「気が付けばヘアサロンに4か月行ってなかった！？」そんなお客さまもいらっしゃるでしょう。

　少し頻度が下がってきたお客さまは、ひょっとして「カット以外でも気軽に来てください」というスタイリストさんの一言で、頻度が上がるのかもしれません。そしてカット以外のメニューでの来店が増えることで、結果的に年間のご利用金額を上げるという方法もあるのではないでしょうか。

ビューティ総研　田中公子

第 3 章

顧客ニーズの真実

この章は、現在、そしてこれからの顧客ニーズを知るための章です。
①美容に関しての女性心理について　②イベントにからんだセレモニー美容消費について
③薄毛市場について　④お客さまのネット対応について、データを整理してみました。

No. 22	美高感度タイプの出現率の真実……p.56
No. 23	価値意識の真実①……p.58
No. 24	価値意識の真実②……p.60
No. 25	参加したイベントの数の真実……p.62
No. 26	本人のイベントのための美容予算の真実……p.64
No. 27	子や孫のイベントのための美容予算の真実……p.66
No. 28	薄毛対策の市場規模の真実……p.68
No. 29	髪のボリュームに関して最も気になることの真実……p.70
No. 30	薄毛対策の情報源の真実……p.72
No. 31	薄毛の相談意向の真実……p.74
No. 32	5年前に比べて時間がなくなったの真実……p.76
No. 33	ウェブサイトで見ているページの真実……p.78
No. 34	ヘアサロンでネット予約をしたことがある20代女性の真実……p.80

美高感度タイプの出現率の真実

※20〜49歳の女性に聞きました

9.6%

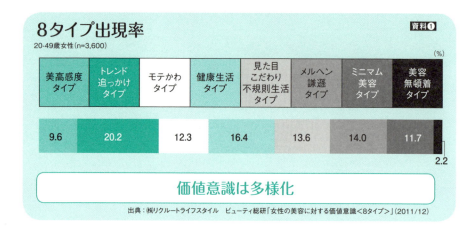

8タイプ出現率
20-49歳女性(n=3,600)

資料①

美高感度タイプ	トレンド追っかけタイプ	モテかわタイプ	健康生活タイプ	見た目こだわり不規則生活タイプ	メルヘン謙遜タイプ	ミニマム美容タイプ	美容無頓着タイプ
9.6	20.2	12.3	16.4	13.6	14.0	11.7	2.2

価値意識は多様化

出典:㈱リクルートライフスタイル ビューティ総研「女性の美容に対する価値意識＜8タイプ＞」(2011/12)

美容に対する女性の価値意識

ハム子:20歳から49歳の女性を対象に、さまざまな「美容に対する価値意識」を問うアンケート調査をした結果、その回答の傾向から女性の美容に対する価値意識は、大きく8つのタイプに分けられることがわかりました【資料①】。

のじー:女性の美容に対する価値意識は「見た目願望の有無」「褒められたい願望の有無」「トレンドを意識した行動の有無」「明確な理想像があるかどうか」「かわいい雰囲気が好き」「かっこいい雰囲気が好き」「美しさへの努力があるかどうか」「生活環境に関心があるか」など、8つの因子を元にタイプ分類しています。それぞれのタイプの特徴は【資料②】のとおりです。

ゆみ:美容に関心が高い「美高感度タイプ」は、約1割なんですね。

のじー:一般的にサロンの方々は、この「美高感度タイプ」を意識していると思いますが、ボリュームゾーンは「トレンド追っかけタイプ」や、40代以降に非常に増える「健康生活タイプ」など

顧客ニーズの真実 22

です。

ゆみ：「美容無頓着タイプ」はかなり少なくて、ほっとします(笑)。でも、最低限の清潔感でいいという「ミニマム美容タイプ」は一定数いますね。

ハム子：それぞれのタイプが、美容に対してどのような価値観を持っているかをポジショニングマップで示したのが【資料③】になります。

ゆみ：「トレンドを重視している」か、それとも「素の自分を重視している」かなどをイメージしながら接することで、お客さまのニーズにあった提案ができそうです。

のじー：「本質的な美容を追求している」か「表面的な美容でOK」かという軸でも、かなりアプローチは変わると思います。それぞれの美に対する姿勢を判断する参考にしてもらえると良いかもしれません。

女性の価値意識8タイプ　資料❷

日本の美容を引っ張る　美高感度タイプ

美容そのものが大好き。美容消費金額も、最も高い。

かわいいと言われたい　モテかわタイプ

女の子らしくかわいいもの好き。ほめられたい願望も。

お金をかけずにキレイを維持　見た目こだわり不規則生活タイプ

他人からの評価は気になるが、美容全般に興味が薄い。

最低限の清潔感でOK　ミニマム美容タイプ

自然な美しさは、何もしないことと考え、美容に無関心。

世の中全般の流行に敏感　トレンド追っかけタイプ

トレンドの移り変わりに敏感。美容はその一部でもある。

美しさは内面からつくる　健康生活タイプ

健康意識が高く、内から美しさはつくられると思っている。

自分や他人に期待しすぎない　メルヘン謙遜タイプ

実は他人の目は気になるが、美しさへの努力はしない。

他人目線は気にしない　美容無頓着タイプ

外見は気にせず、他者の目も気にしない美容無頓着層。

美容に興味・関心が特に高いのは、美高感度、トレンド追っかけタイプ

出典：㈱リクルートライフスタイル　ビューティ総研「女性の美容に対する価値意識＜8タイプ＞」(2011/12)

8タイプのポジショニングマップ　資料❸

縦軸：本質的な美容を追求　↔　表面的な美容でOK
横軸：ナチュラル（素の自分）　↔　トレンド（他者評価）

- 美容無頓着タイプ
- 健康生活タイプ
- ミニマム美容タイプ
- トレンド追っかけタイプ
- 美高感度タイプ
- 見た目こだわり不規則生活タイプ
- モテかわタイプ
- メルヘン謙遜タイプ

各タイプのポジションを表した図、円の大きさは各タイプの出現率

出典：㈱リクルートライフスタイル　ビューティ総研「女性の美容に対する価値意識＜8タイプ＞」(2011/12)

---

point　ありたい自分の姿によって
女性の美容に対する価値意識は8つに分けられる

価値意識の真実①
美高感度タイプの年間サロン費用
※20〜49歳の女性に聞きました

95,300円

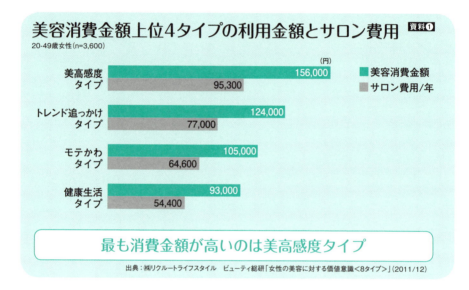

美容消費金額上位4タイプの利用金額とサロン費用 資料①
20-49歳女性(n=3,600)

タイプ	美容消費金額(円)	サロン費用/年(円)
美高感度タイプ	156,000	95,300
トレンド追っかけタイプ	124,000	77,000
モテかわタイプ	105,000	64,600
健康生活タイプ	93,000	54,400

最も消費金額が高いのは美高感度タイプ

出典：㈱リクルートライフスタイル　ビューティ総研「女性の美容に対する価値意識＜8タイプ＞」(2011/12)

サロン利用金額が高い4タイプの特徴は？

ハム子：ここでは、先ほど分類した8タイプのうち、美容に対する消費金額が多い方の4タイプについて詳しく見ていきたいと思います。一番消費金額が高い「美高感度タイプ」では、年間156,000円美容消費をし、サロンの費用は95,300円となっています【資料①】。

ゆみ：この4タイプは、美容に関心がある人たちといえるでしょうから、サロンにとっても有力な顧客候補になりますね。

ハム子：この4タイプだけで、全体の58.5%の出現率です【p56資料①参照】。

顧客ニーズの真実 23

のじー：注目したいのは年齢によって出現率がずいぶん異なるという点です【資料②】。「美高感度タイプ」は年齢が上がるほど減っていくのに対して、「健康生活タイプ」は年齢が上がるほど増えていきます。

ハム子：40代になると5人に1人以上がこの「健康生活タイプ」になるんです。

ゆみ：「美高感度タイプ」の人たちに40代になっても美容に関心を持ち続けてもらう工夫があるといいですね。

ハム子：それぞれのタイプの人たちのサロン利用率を見てみましょう【資料③】。ヘアサロンの利用率はそこまで大きく変わりませんが、他の美容サロンは利用率に差がありますね。

ゆみ：「美高感度タイプ」、「トレンド追っかけタイプ」、「モテかわタイプ」はネイルとアイビューティサロンの利用率が高いですね。トータルビューティサロンとの相性も良さそうです。

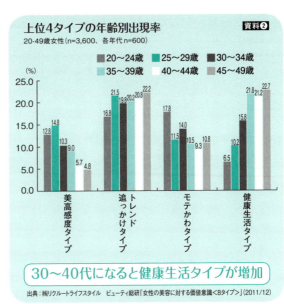

資料② 上位4タイプの年齢別出現率
20-49歳女性（n=3,600、各年代n=600）

30～40代になると健康生活タイプが増加

出典：㈱リクルートライフスタイル　ビューティ総研「女性の美容に対する価値意識＜8タイプ＞」(2011/12)

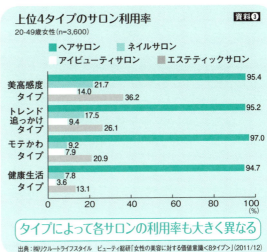

資料③ 上位4タイプのサロン利用率
20-49歳女性（n=3,600）

タイプによって各サロンの利用率も大きく異なる

出典：㈱リクルートライフスタイル　ビューティ総研「女性の美容に対する価値意識＜8タイプ＞」(2011/12)

point
年齢によって出現率が大きく変わる上位4タイプ
歳を重ねても美容への関心が薄れないような会話を

価値意識の真実②
美容無頓着タイプの年間サロン費用
※20～49歳の女性に聞きました

32,500 円

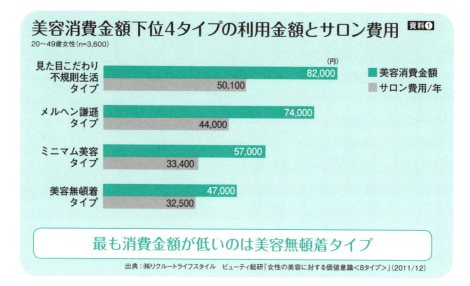

美容消費金額下位4タイプの利用金額とサロン費用　資料①
20～49歳女性(n=3,600)

タイプ	美容消費金額 (円)	サロン費用/年 (円)
見た目こだわり不規則生活タイプ	82,000	50,100
メルヘン謙遜タイプ	74,000	44,000
ミニマム美容タイプ	57,000	33,400
美容無頓着タイプ	47,000	32,500

最も消費金額が低いのは美容無頓着タイプ

出典：㈱リクルートライフスタイル　ビューティ総研「女性の美容に対する価値意識＜8タイプ＞」(2011/12)

サロン利用金額が低い4タイプの特徴は？

ハム子：こちらは、美容に対する消費が少ない下位4タイプの美容消費金額とサロンにかける費用のデータです【資料①】。

のじー：最も低い「美容無頓着タイプ」は、先ほど紹介した最も高い「美高感度タイプ」【p58資料①参照】と比べると、約3分の1程度の利用金額になっています。

ゆみ：年齢別の出現率にはどんな特徴があるんでしょうか。

ハム子：上位4タイプほど、年齢によって大きな差はないのですが、強いて言えば、40代以降

は「ミニマム美容タイプ」が増えてきます【資料②】。

ゆみ：これは、育児など、女性のライフステージの変化による影響かもしれませんね。

ハム子：一方、サロンの利用率にはかなり差があります【資料③】。

ゆみ：「美容無頓着タイプ」の意識を変えていくことは難しいかもしれませんが、「ミニマム美容タイプ」は「素の状態が美しい」と思っているナチュラル志向派が多いので、会話次第では本質的なケアを勧められるのではないかと思います。

のじー：「メルヘン謙遜タイプ」は、キャラクター好きだったり、かわいいもの好きだったりするので、自分の価値観がはっきりあるタイプ。キャラクター好きの女性をターゲットにしたネイルサロンの成功例などもあるので、好みを理解できればサロン活用にもつながると思います。

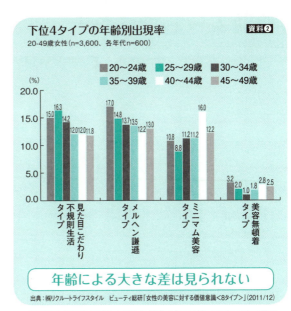

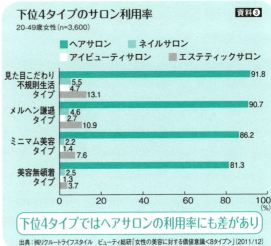

point：下位4タイプは現状の消費額は低いが、それぞれの価値観を理解すればサロン利用につなげることもできそう

参加したイベントの数の真実
「10年前よりも増えた」
※30〜39歳の女性に聞きました

46.2%
※「増えた」+「やや増えた」計

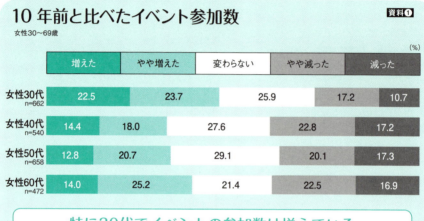

10年前と比べたイベント参加数 資料①
女性30〜69歳 (%)

	増えた	やや増えた	変わらない	やや減った	減った
女性30代 n=662	22.5	23.7	25.9	17.2	10.7
女性40代 n=540	14.4	18.0	27.6	22.8	17.2
女性50代 n=658	12.8	20.7	29.1	20.1	17.3
女性60代 n=472	14.0	25.2	21.4	22.5	16.9

特に30代でイベントの参加数は増えている

出典:㈱リクルートライフスタイル ビューティ総研「イベント消費に関する意識調査」(2014/8)

イベントをきっかけにしたセレモニー消費に注目

のじー:サロンの利用は日常的な利用と、冠婚葬祭などのライフイベントの利用と大きく2つの種類に分かれています。ここ数年は特に、このライフイベントの変化が指摘されています。美容業界もこの影響を受けるのではないかと考えています。

ハム子:10年前と比べたイベントの参加数を聞いたところ、特に30代を中心に「増えた」「やや増えた」と答えた人が増えています【資料①】。

ゆみ:女子会イベントもずいぶん増えた気がしますし、ハロウィンの仮装やパーティなんて、

顧客ニーズの真実 25

年々華やかになっていますよね。

ハム子：最近では、ハーフバースデーや、1/2成人式なども一般化しているようです。みなさん、イベントが増えていると実感しているだけではなくて、イベント参加時の投資額も増えています【資料②】。

ゆみ：イベントの時にヘアサロンを利用してキレイにしようという人も増えてそうですよね。

ハム子：イベント時にヘアサロンを利用している人の多くが、普段利用しているサロンに行くというデータもあります【資料③】。

ゆみ：年齢が上がるほどイベント時も普段通っているサロンを利用する人が多くなるんですね。

のじー：今後はカルテ管理などを工夫して、積極的にイベント時のサロン利用を勧めたいところです。

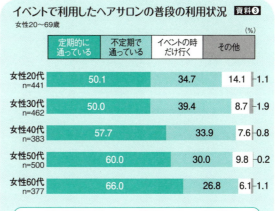

10年前と比べたイベント参加時の投資額 資料②
女性30〜69歳 (%)

	増えた	やや増えた	変わらない	やや減った	減った
女性30代 n=662	18.4	31.0	29.1	14.2	7.3
女性40代 n=540	11.1	30.2	31.2	18.1	9.4
女性50代 n=658	12.9	33.7	31.3	13.4	8.7
女性60代 n=472	10.8	31.4	33.3	14.8	9.7

イベント参加時の投資額も増加

出典：㈱リクルートライフスタイル　ビューティ総研「イベント消費に関する意識調査」(2014/8)

イベントで利用したヘアサロンの普段の利用状況 資料③
女性20〜69歳 (%)

	定期的に通っている	不定期で通っている	イベントの時だけ行く	その他
女性20代 n=441	50.1	34.7	14.1	1.1
女性30代 n=462	50.0	39.4	8.7	1.9
女性40代 n=383	57.7	33.9	7.6	0.8
女性50代 n=500	60.0	30.0	9.8	0.2
女性60代 n=377	66.0	26.8	6.1	1.1

普段利用しているサロンで施術

出典：㈱リクルートライフスタイル　ビューティ総研「イベント消費に関する意識調査」(2014/8)

---

point　カルテ管理などを含めて
イベントでの美容消費に積極的に対応したい

本人のイベントのための美容予算の真実「同窓会」

※20～69歳の女性に聞きました

14,491円

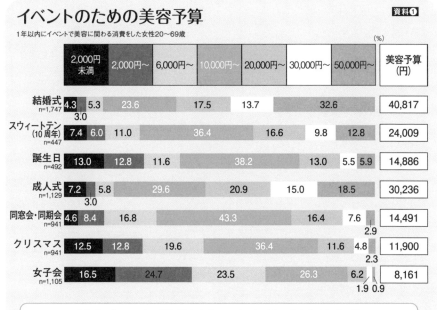

資料①

イベントのための美容予算
1年以内にイベントで美容に関わる消費をした女性20～69歳

	2,000円未満	2,000円～	6,000円～	10,000円～	20,000円～	30,000円～	50,000円～	美容予算(円)
結婚式 n=1,747	4.3	5.3 / 3.0	23.6	17.5	13.7		32.6	40,817
スウィートテン(10周年) n=447	7.4	6.0	11.0	36.4	16.6	9.8	12.8	24,009
誕生日 n=492	13.0	12.8	11.6	38.2		13.0	5.5 / 5.9	14,886
成人式 n=1,129	7.2	5.8 / 3.0	29.6	20.9	15.0	18.5		30,236
同窓会・同期会 n=941	4.6	8.4	16.8	43.3	16.4	7.6	2.9	14,491
クリスマス n=941	12.5	12.8	19.6	36.4	11.6	4.8 / 2.3		11,900
女子会 n=1,105	16.5	24.7	23.5	26.3	6.2	1.9 / 0.9		8,161

同窓会では1万円以上の支出が7割を超える

出典：㈱リクルートライフスタイル ビューティ総研「イベント消費に関する意識調査」(2014/8)

イベントのための美容消費は大きい

ハム子：こちらは、1回のイベントあたり、どれくらいの美容予算をかけているのかというアンケート調査の結果です【資料①】。

顧客ニーズの真実 26

ゆみ：結婚式や成人式みたいな一生に一度系のイベントだけじゃなくて、同窓会や誕生日などの美容予算もずいぶん高いんですね。ちょっとびっくりしました。

のじー：イベント時の美容予算は、普段のヘアサロンの利用金額と比べてもずいぶん高いといえます。

ハム子：イベントにおける美容消費のポテンシャルもかなり高いですね。イベントの経験率を見てみても、誕生日やクリスマスのイベントへの参加は6〜7割にのぼっていますし、同窓会も約半数が経験しています【資料②】。

ゆみ：最近はイベントがあるたびSNSで写真を投稿したりしますもんね。見た目に気を使いたいという気持ちが、美容消費につながっているんでしょうね。

イベントの経験率（複数回答）
女性20〜49歳（n=55,341）　　資料②

- 誕生日　73.7%
- クリスマス　64.4%
- 成人式　54.2
- 同窓会・同期会　49.7
- 結婚式　45.8
- 女子会　34.6

同窓会は約半分が経験

出典：㈱リクルートライフスタイル　ビューティ総研「イベント消費に関する意識調査」（2014/8）

SNSに写真を投稿したイベント（複数回答）
女性20〜29歳　1年以内のイベント経験者　　資料③

- 結婚式　n=373　46.6%
- SNSなどのオフ会　n=203　39.4
- 新婚旅行　n=297　38.7
- 海外旅行　n=1,098　36.8
- 同窓会・同期会　n=976　31.1
- テーマパーク（TDL・USJなど）　n=2,275　30.9
- 国内旅行　n=3,739　30.3

1位は結婚式

出典：㈱リクルートライフスタイル　ビューティ総研「イベント消費に関する意識調査」（2014/8）

ハム子：SNSでイベントに関して写真投稿をしている人も多いので【資料③】、やはり見られることを意識した心理が、美容消費に影響を与えていると思います。

のじー：イベント時に美容へのニーズが高まることは美容業界にとってもチャンスです。

---

point
**イベントごとの美容予算は通常の利用金額よりもはるかに高い
SNSの影響もあり、より美容への投資は増えそう**

子や孫のイベントのための美容予算の真実

※お子さん、お孫さんがいる20〜69歳の女性に聞きました

子の初誕生日 18,175円
孫の初誕生日 17,718円

イベントのための美容予算 資料①

子ども、孫がいる女性20〜69歳 (%)

		2,000円未満	2,000〜	6,000〜	10,000円〜	20,000円〜	30,000円〜	50,000円〜	美容予算(円)
子	お宮参り n=654	8.0	7.8	12.2	37.9	15.4	10.7	8.0	19,401
	ハーフバースデー(6ヵ月) n=90	17.8	11.1	15.6	36.6	8.9	2.2	7.8	16,200
	初誕生(1歳) n=280	10.7	13.2	13.6	33.8	12.9	7.9	7.9	18,175
	七五三 n=761	6.6	7.1	11.6	38.3	17.0	10.6	8.8	20,570
	1/2成人式(10歳) n=125	12.8	11.2	8.8	39.2	16.8	5.6	5.6	15,728
	成人式 n=860	12.7	6.3	9.7	30.2	17.1	8.0	16.0	25,591
	入園式・入学式・卒園式・卒業式 n=1,267	7.3	9.4	13.0	41.1	15.5	7.3	6.4	17,395
孫	お宮参り n=654	13.8	9.3	13.3	35.3	12.4	7.2	8.7	18,318
	ハーフバースデー(6ヵ月) n=90	24.4	10.0	16.7	28.9	8.9	4.4	6.7	14,996
	初誕生(1歳) n=280	13.9	9.6	13.9	37.5	10.4	6.1	8.6	17,718
	七五三 n=761	14.5	8.5	13.5	36.3	12.7	6.7	7.8	17,398
	1/2成人式(10歳) n=125	17.6	10.4	11.2	36.8	13.6	6.4	4.0	14,152
	成人式 n=860	19.2	8.8	11.4	29.5	13.8	5.3	12.0	20,543
	入園式・入学式・卒園式・卒業式 n=1,267	18.9	10.7	14.5	34.1	9.9	5.4	6.6	15,183

子や孫のイベントに合わせた美容消費も活発

出典:㈱リクルートライフスタイル ビューティ総研「イベント消費に関する意識調査」(2014/8)

子や孫のイベントでの美容消費も大きい

ハム子:先ほどのデータは本人のイベントの美容予算でしたが、こちらは、子どもや孫のイベントに対する美容予算です【資料①】。

顧客ニーズの真実

ゆみ：こちらも、本人のイベントに勝るとも劣らないほど、美容にお金をかけているんですね。

ハム子：両親だけではなく、祖父母のイベント参加が増えているというのはよく聞きます。

ゆみ：一人の孫に対して両親と双方の祖父母がお金を出す「6ポケット」なんて言葉もありました。家族総出でイベントに参加している家庭も多そうです。

のじー：従来からあったお宮参りなどはもちろんのこと、ハーフバースデーや、1/2成人式など、今までにはなかったイベントの経験率は、今後さらに上がると思われます【資料②】。

ハム子：自分の子どもと過ごす時間はとれなかったけれど、孫と過ごす時間はとりたいと答える人が多いというデータもあるので【資料③】、今後は祖父母のイベント消費も増えそうですね。

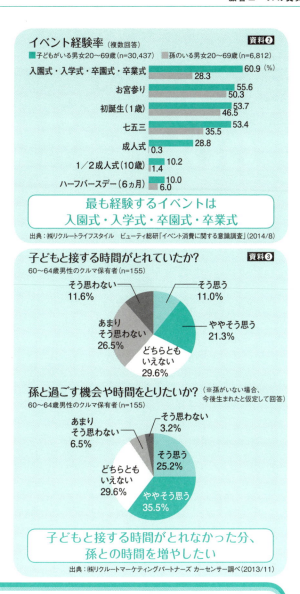

point 新しく増えたイベントには両親だけではなく祖父母も積極的に参加。支出額も大きい

薄毛対策の市場規模の真実

男性 669億 < 女性 706億
（2013年度見込み）

市場規模の男女比
※ウイッグ、育毛サービス等　　■女性　■男性　　（単位：億円）　資料①

	2009年度	2010年度	2011年度	2012年度	2013年度(見込み)
合計	1,390	1,334	1,330	1,360	1,375
女性	635	617	630	677	706
男性	755	717	700	683	669

2013年度に男女が逆転

出典：矢野経済研究所「ヘアケアマーケティング総鑑 2014年版」

女性の薄毛対策市場は年々拡大

ハム子：顧客のニーズに関して、ここからは薄毛対策市場に関しての調査データを見ていきたいと思います。薄毛に関する商品やサロン利用の市場規模は、ほぼ横ばいです。けれども、その内訳を見ると、男性の市場が年々減ってきているのに対して、女性の市場は年々増えています【資料①】。発毛剤、育毛剤の市場はこれとは別に、さらに650億円あるそうです。

のじー：2013年度の見込みですが男女の市場規模が逆転しています。男性の市場よりも女性の市場のほうが大きくなっていることは、サロンの現場の方々に、意外と知られていないのではないでしょうか。

ゆみ：私が今回驚いたのは、女性が若いうちから薄毛への不安を抱いていて、20代で既に半数以上の人が、薄毛対策をしているということでした【資料②】。

ハム子：そうなんです。男性は30代をピークに、徐々に薄毛に対する不安も減り、対策する

人も減っていくのに対して、女性は年齢が上がるほど、不安も増えますし、対策を講じる人も増えるということがわかりました。

ゆみ：30〜40代で7割以上、50代では8割以上の女性が薄毛に対して気になっているということは、ヘアサロンに来るお客さまのほとんどが、薄毛が気になっていると言えますよね。

のじー：この事実がサロンで共有されれば、もう少しお客さまとの会話が変わるかもしれません。

ハム子：毛髪が気になり始めた年齢は、平均すると38.9歳なのですが、20代で16.0%、30代で29.6%もの方が気になり始めていますから【資料③】、その世代へのケアも重要ですね。

のじー：年齢が上がるほど、薄毛対策をあきらめる男性に対して、女性は対策に励むので、このマーケットに対してヘアサロンができることを考えていきたいですね。

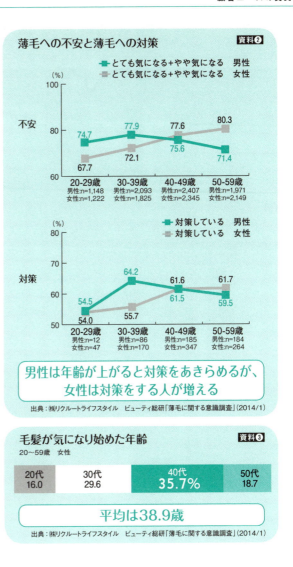

point：女性の多くが薄毛を気にしている 今後注目のボリュームマーケットになりそう

髪のボリュームに関して最も気になることの真実 「分け目が気になる」

※20〜59歳の女性に聞きました

14.5%

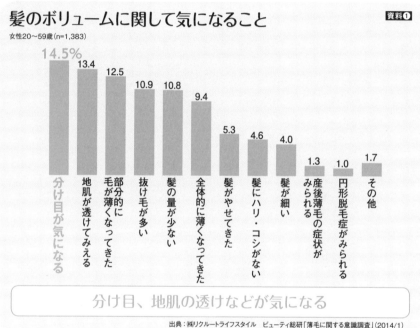

髪のボリュームに関して気になること 資料①
女性20〜59歳(n=1,383)

- 分け目が気になる 14.5%
- 地肌が透けてみえる 13.4
- 部分的に毛が薄くなってきた 12.5
- 抜け毛が多い 10.9
- 髪の量が少ない 10.8
- 全体的に薄くなってきた 9.4
- 髪がやせてきた 5.3
- 髪にハリ・コシがない 4.6
- 髪が細い 4.0
- 産後薄毛の症状がみられる 1.3
- 円形脱毛症がみられる 1.0
- その他 1.7

分け目、地肌の透けなどが気になる

出典:㈱リクルートライフスタイル ビューティ総研「薄毛に関する意識調査」(2014/1)

スタイル提案で解決できることもありそう

ハム子:髪のボリュームに関して気になることの調査では「分け目が気になる」「地肌が透けてみえる」「部分的に毛が薄くなってきた」という悩みが上位にあがりました【資料①】。

ゆみ:このデータを見て気づいたのは、ヘアデザインの提案やスタイリングのアドバイスでカバーできそうな項目が意外と多いということなんです。

顧客ニーズの真実

ハム子：薄毛が最も気になる部位に関しても、やはり分け目が一番多くて、次が頭頂部なんですよね【資料②】。

ゆみ：薄毛の度合いにもよりますが、カットの方法や、パーマのかけ方、ブローの方法などでも改善の余地があるように思います。プロのアドバイスをしてあげられればお客さまに喜ばれそうですね。

のじー：<mark>頭皮環境や毛髪へのアドバイスがあれば、ヘッドスパや店販商品の購入にもつながる</mark>ように思います。

ハム子：薄毛対策にかける金額は、どの世代でももっと費用をかけて良いと感じています【資料③】。

のじー：説得力のあるサロンのメニューや商品の提案があれば、お客さまにも喜んで受け入れてもらえそうですね。

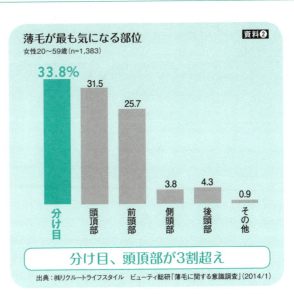

資料② 薄毛が最も気になる部位
女性20〜59歳（n=1,383）

- 分け目：33.8%
- 頭頂部：31.5
- 前頭部：25.7
- 側頭部：3.8
- 後頭部：4.3
- その他：0.9

分け目、頭頂部が3割超え

出典：㈱リクルートライフスタイル　ビューティ総研「薄毛に関する意識調査」(2014/1)

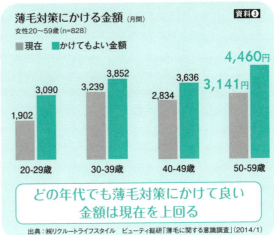

資料③ 薄毛対策にかける金額（月間）
女性20〜59歳（n=828）

■現在　■かけてもよい金額

- 20-29歳：1,902 / 3,090
- 30-39歳：3,239 / 3,852
- 40-49歳：2,834 / 3,636
- 50-59歳：3,141円 / 4,460円

どの年代でも薄毛対策にかけて良い金額は現在を上回る

出典：㈱リクルートライフスタイル　ビューティ総研「薄毛に関する意識調査」(2014/1)

---

point　もっと薄毛に対するアドバイスがあればサロンでの利用金額も増えそう

薄毛対策の情報源の真実
美容師に相談

※30～59歳の女性に聞きました

30.1%

※30～59歳の平均値

薄毛対策の情報源 （複数回答） 資料①

30代女性 n=305		40代女性 n=563		50代女性 n=428	
美容総合サイト・口コミサイト	37.4%	美容総合サイト・口コミサイト	35.7%	TV広告	29.9%
友人・家族・同僚の口コミ	28.9%	理容師・美容師に相談	32.1%	TV番組	29.7%
理容師・美容師に相談	28.5%	友人・家族・同僚の口コミ	29.1%	友人・家族・同僚の口コミ	29.0%
TV広告	23.9%	TV番組	25.2%	理容師・美容師に相談	28.5%
TV番組	18.0%	TV広告	25.0%	美容総合サイト・口コミサイト	24.1%

薄毛対策について理美容師に相談するのは全体で約3割

出典：㈱リクルートライフスタイル　ビューティ総研「薄毛に関する意識調査」(2014/1)

薄毛対策とサロンの関連性が薄い

ハム子：薄毛に対しての対策をするときに、何を情報源にしているかを調査した結果です【資料①】。30代、40代では美容サイトなどのネット情報を頼りにしている人が多く、50代ではテレビ広告情報を一番重要視していることがわかりました。

ゆみ：「理容師・美容師に相談」という項目が1位にこないんですね。髪のプロだし、実際に髪や頭皮の状態を見てもらいながらアドバイスしてもらえるはずなのに。

のじー：毛髪が気になり始めてからサロンに行く頻度が増えたという人よりも、減ったという人が多く【資料②】、毛髪に対する悩みを解決する場所としてヘアサロンが選択肢に入っていないのではないかと感じられます。

顧客ニーズの真実 30

ゆみ：特に若い美容師さんたちは、薄毛や白髪、加齢毛に対して、「触れてはいけないかな」と遠慮するケースもあると聞いています。でも、雑誌やネット媒体などでは、そういう悩みに対してプロのアドバイスがある企画は人気があります。美容師さんももっと踏み込んで、プロとしてのアドバイスをしてあげると、きっとお客さまに喜ばれると思うのですが……。

のじー：サロンで薄毛や加齢毛の悩みに対応できるメニューがあることもあまり知られていないかもしれないですね。

ハム子：薄毛対策の方法としては、市販の育毛エッセンスやシャンプー・トリートメントなどの商品に頼っていることがわかります【資料③】。

薄毛が気になり始めてからのヘアサロン利用頻度　資料②
女性30～59歳　(n=1,262)

増えた	変わらない	減った
6.9	75.6%	17.5

薄毛は気になっているのに来店頻度が下がった人が2割弱存在

出典：㈱リクルートライフスタイル　ビューティ総研「薄毛に関する意識調査」(2014/1)

薄毛の対策方法 (複数回答)　資料③
女性30～59歳　(n=1,296)

項目	%
市販の育毛エッセンス等	26.5%
シャンプー・トリートメント	23.4%
食事に気をつかう	9.4
睡眠を多くとる	9.3
自宅でヘッドスパ	6.2
サロンのヘッドスパ	5.7
湯船につかる	5.0
食品摂取	4.9
自宅で頭皮マッサージ	4.8
サロンで頭皮マッサージ	3.3

対策でサロンへ行く人はまだ少数

出典：㈱リクルートライフスタイル　ビューティ総研「薄毛に関する意識調査」(2014/1)

のじー：ヘアサロンが<u>スタイル提案の場にとどまってしまっていて、毛髪に対する専門知識やヘアケアアドバイスを提供する場になれていない</u>のかもしれません。

ゆみ：最近はエイジングに特化したサロン専売品も増えていますし、サロンメニューのヘッドスパや、頭皮マッサージなども試してもらうといいかもしれないですね。

---

point　薄毛対策の場としてサロンを活用してもらうために専門的なアドバイスをできるようにしたい

薄毛の相談意向の真実
40代で美容師に相談したい人

2人に1人

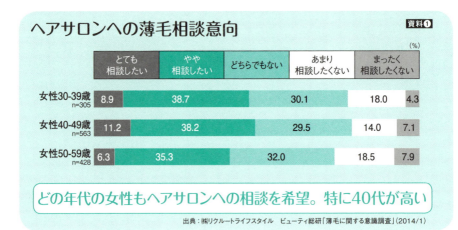

ヘアサロンへの薄毛相談意向　資料①

	とても相談したい	やや相談したい	どちらでもない	あまり相談したくない	まったく相談したくない (%)
女性30-39歳 n=305	8.9	38.7	30.1	18.0	4.3
女性40-49歳 n=563	11.2	38.2	29.5	14.0	7.1
女性50-59歳 n=428	6.3	35.3	32.0	18.5	7.9

どの年代の女性もヘアサロンへの相談を希望。特に40代が高い

出典：㈱リクルートライフスタイル　ビューティ総研「薄毛に関する意識調査」(2014/1)

実はみんな美容師に相談したいと思っている

ハム子：前のページでは、薄毛対策のための情報を、ネット情報や、口コミ、テレビCMなどに頼っている人が多いというデータを紹介しましたが【p72資料①参照】、ヘアサロンに薄毛について相談したいかどうかを聞いたところ、40代では2人に1人は「とても相談したい」もしくは「やや相談したい」と回答しました【資料①】。

ゆみ：前ページのデータと合わせて見ると、美容師さんからの情報を欲しいと思っていないわけではなく、「本当は相談したいのに、遠慮している」と考えていいかもしれないですね。どんな状況だったら相談しやすいんだろう？

ハム子：それを聞いたのが【資料②】になります。「悩みはありますか？」と聞いてくれたり、カウンセリングシートがあれば、相談しやすいという回答が多かったです。

顧客ニーズの真実

のじー：ファーストカウンセリングで髪に対する悩みを聞くのもいいでしょうし、それがしにくいようでしたらカウンセリングシートに髪に対する悩みの項目を盛り込むのも良いかもしれません。

ゆみ：具体的に期待していることは、「ボリュームアップして見える髪型」という<u>ヘアデザイン面での要望</u>と、「マッサージ」や「ヘッドスパ」「頭皮状態の診断」などの<u>ヘアケア面でのメニューやアドバイス</u>、そして「髪の整え方」という<u>スタイリングアドバイス</u>の3つに大きく分かれています【資料③】。

ハム子：サロンにいない時間もサポートできるような提案が重要になってくると思います。

のじー：スタイル提供だけではなく、ケアのアドバイスもできるサロンが、今後は選ばれていきそうですね。

ヘアサロンに相談したくなる状況 （複数回答） 資料②
女性20〜59歳(n=323)

「悩みはありますか？」と、利用の際に聞いてくれたら	19.8%
カウンセリングシートがあれば	18.9%
ビューティー・コーディネーターがいるサロンであれば	16.7
サイトの上で予約ができて、ネット上で相談ができれば	12.1
同性の理容師・美容師だったら	12.1

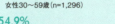

**カウンセリングシートを
うまく活用することも重要**

出典：㈱リクルートライフスタイル　ビューティ総研「薄毛に関する意識調査」(2014/1)

薄毛対策としてヘアサロンに期待すること （複数回答） 資料③
女性30〜59歳(n=1,296)

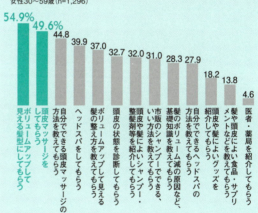

- ボリュームアップして見える髪型にしてもらう　54.9%
- 頭皮マッサージをしてもらう　49.6%
- 自分でできる頭皮マッサージの方法を教えてもらう　44.8
- ヘッドスパをしてもらう　39.9
- ボリュームアップして見える髪の整え方を教えてもらう　37.0
- 頭皮の状態を診断してもらう　32.7
- 市販のシャンプーでできる、いい方法を教えてもらう　32.0
- 頭皮や髪によいシャンプー・整髪剤等を紹介してもらう　31.0
- 髪のボリューム減の原因などの基礎知識を教えてもらう　28.3
- 自分でできるヘッドスパの方法を教えてもらう　27.9
- 頭皮や髪によいグッズを紹介してもらう　18.2
- 頭皮や髪によい食品・サプリメントなどを教えてもらう　13.8
- 医者・薬局を紹介してもらう　4.6

スタイル提案、頭皮ケアに期待が高い

出典：㈱リクルートライフスタイル　ビューティ総研「薄毛に関する意識調査」(2014/1)

---

point サロンではスタイル提供にとどまらず、頭皮全体や日頃のヘアケアまで踏み込んだトータルアドバイスを

5年前に比べて時間がなくなったの真実

※20～49歳の女性に聞きました

37.3%

時短意識の高まり (複数回答) 資料①
女性20～49歳(n=2,475)

項目	%
時間は有効に使いたい	56.0
5年前と比べて、忙しくて時間がないと感じることが多くなった	37.3%
5年前と比べて、興味のあることが増えた	34.8
5年前と比べて、やりたいことが増えた	33.7
同時にいくつかのことを並行して行うことがよくある	32.6
自由になる時間はあまりない	23.6
時間が空くともったいないと感じる	20.6

時間は有限であり、もったいないという意識

出典：㈱リクルートライフスタイル　ビューティ総研「美容行動に関する調査」(2013/10)

お客さまの時間に対する意識に変化が

ハム子：ここからは、女性の時間に対する意識と、ウェブサイトやネット予約についての調査結果をご紹介します。

のじー：顧客ニーズを考えるとき、お客さまの「時短意識」という価値観をとらえておくことが重要だと思っています。

ゆみ：「5年前と比べて、忙しくて時間がないと感じることが多くなった」とか「興味があることが増えた」という人が、3人に1人以上いるんですね【資料①】。確かに、世の中に情報があふれすぎていて、何だかせわしない毎日だなあと感じたりします。

32 顧客ニーズの真実

ハム子：電車の中でも、スマホをいじっている人って、多いですよね。すき間時間の使い方についての調査ではやはり、スマホでのメールやLINE、ウェブ閲覧などが上位にきました【資料②】。

のじー：常に情報にアクセスしているという状態が、日常的になっているんですよね。この傾向はますます進むと言われていて、5年後にはスマホの比率は7割近くに達すると予想されています【資料③】。

ゆみ：情報検索がパソコンじゃなくてスマホになると、「いつでも」「どこでも」という状況が顕著になりますよね。

のじー：サロンにおいての時間の使い方を意識するのはもちろんですが、ウェブサイトや予約なども、スマホに対応してすき間時間で情報を得たい顧客ニーズに応えていくことが大事になってきそうです。

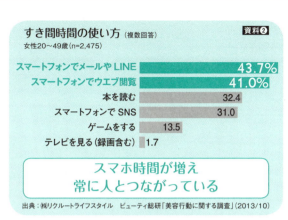

資料② すき間時間の使い方（複数回答）
女性20〜49歳（n=2,475）

- スマートフォンでメールやLINE：43.7%
- スマートフォンでウエブ閲覧：41.0%
- 本を読む：32.4
- スマートフォンでSNS：31.0
- ゲームをする：13.5
- テレビを見る（録画含む）：1.7

スマホ時間が増え 常に人とつながっている

出典：㈱リクルートライフスタイル　ビューティ総研「美容行動に関する調査」（2013/10）

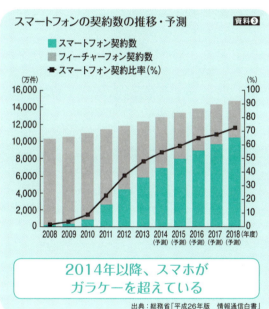

資料③ スマートフォンの契約数の推移・予測

2014年以降、スマホがガラケーを超えている

出典：総務省「平成26年版　情報通信白書」

---

point やりたいことがたくさんできて時間がないと感じているお客さまの心理を理解した接客とウェブ対策を

ウェブサイトで見ているページの真実
美容
※20〜49歳の女性に聞きました

55.7%

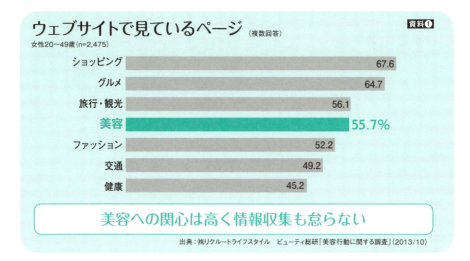

ウェブサイトで見ているページ (複数回答)　資料❶
女性20〜49歳(n=2,475)

- ショッピング 67.6
- グルメ 64.7
- 旅行・観光 56.1
- 美容 55.7%
- ファッション 52.2
- 交通 49.2
- 健康 45.2

美容への関心は高く情報収集も怠らない

出典：㈱リクルートライフスタイル　ビューティ総研「美容行動に関する調査」(2013/10)

美容とウェブ情報の親和性は高い

ハム子：20歳から49歳までの女性が、ウェブサイトでどんなページを見ているかという調査の結果です。一番多いのはショッピングページなのですが、美容関連サイトを見ている人も半数を超えていて、美容の情報をネットから仕入れていることがわかります【資料①】。

ゆみ：スマホでいつでも情報に触れていると、ファッションや美容への意識って高まりますよね。ウェブサイト以外でも、SNSで友人の動向が常にわかる状態だから、「このサロンに行ってみたい」「このお店に行ってみたい」と思う機会が増えているように思います。

のじー：ネットで情報を調べ、そのまま興味を持った商品を購入したり、サロンを予約したりする行動につながっているのがわかります【資料②】。ヘアサロンで言うと、検索から予約までの導線をスムーズにすることで、お客さまのニーズに応えることができそうです。

顧客ニーズの真実 33

ハム子：先ほど、「忙しい」「時間が足りない」「やりたいことが増えた」と感じる女性が増加したというデータを紹介しましたが【p76資料①参照】、その結果として、すき間時間を使ってネット検索や予約をするだけではなく、<mark>美容の意識に関しても時短傾向が生まれています</mark>【資料③】。

ゆみ：「効率的にきれいになりたい」という人が88.1％もいるんですね。サロンもできるだけ時間をかけずに対応してあげることが重要になりそう。

のじー：最近では、駅ナカや空港にも美容サロンができたりして、短い時間で美容を整えるような形態のサロンも増えました。

ハム子：料金もおさえめで、時間も短くて済むサロンへの需要は、今後も増えそうです。

ゆみ：「おもてなし＝時間をかけて丁寧に」という考え方だけではなく、お客さまのニーズをとらえたサービスは何かと考えることが大事ですね。

資料② ウェブで興味のある美容情報（複数回答）
女性20～49歳（n=2,475）

項目	％
スキンケア化粧品の検索・情報収集・購入	46.2
メイクアップ化粧品の検索・情報収集・購入	37.3
ヘアサロンの検索・予約	**35.5％**
美容・健康によい料理レシピの検索・情報収集	30.7
美容総合サイトや口コミサイトのチェック	27.0
ダイエットに関するブログやサイトのチェック	25.3
話題の美容商品の検索・情報収集・購入	22.5
美容に詳しい人のブログやサイトのチェック	21.9
ヘアケア商品の検索・情報収集・購入	20.8
サプリメントや健康食品の検索・情報収集・予約	18.7

3番目に多いのがヘアサロンの検索・予約

出典：㈱リクルートライフスタイル　ビューティ総研「美容行動に関する調査」（2013/10）

資料③ 時短美容のニーズ（複数回答）
女性20～49歳（n=2,475）

項目	％
できれば効率的にきれいになりたい	88.1％
早く合理的にきれいになりたい	72.9
きれいになりたいと思ったらすぐに行動せずにはいられない	64.1
きれいになるために使う時間はなるべく短縮したい	25.7

美容への意識は時短傾向へ

出典：㈱リクルートライフスタイル　ビューティ総研「美容行動に関する調査」（2013/10）

---

point　すき間時間でのサロン検索や予約、美容への時短意識など現代の女性は、短い時間で美を手に入れたいと考えている

ヘアサロンのネット予約をしたことがある20代女性の真実

44.7%

ヘアサロンのネット予約をしたことがある人の比率　資料①

- 20代 n=727　44.7%
- 30代 n=754　30.0
- 40代 n=718　19.7

20代では約2人に1人、
30代では約3人に1人がネット予約経験あり

出典：㈱リクルートライフスタイル　ビューティ総研「美容行動に関する調査」(2013/10)

ネット予約はますます増加

のじー：ここ5年ほどの間でホテルや航空券、映画チケットなど、ネットでの予約が急速に普及してきましたが、美容業界でもネット予約は増えてきています。

ハム子：ヘアサロンをネット予約したことがある人は、20代で44.7%、30代で30.0%という結果でした【資料①】。

ゆみ：一般的にネット予約する人が少ないと思われている40代の女性でも、5人に1人はネット予約の経験があるんですね。

のじー：美容業界に限らず、ネット予約の流れはますます加速していくと思われます。

ハム子：ネット予約のタイミングの特徴として、当日予約と前日予約が全体の約半数を占めていることがわかりました【資料②】。

顧客ニーズの真実 34

ゆみ：「当日」「前日」の直前予約のニーズが高い！

のじー：ウェブで興味のある美容情報では、「ヘアサロンの検索・予約」が第3位だったと紹介しましたが【p79資料②参照】。やはりすき間時間にネット予約をしている人が多いようです。

ハム子：ネット予約のタイミングは、20時から24時までの時間が多く、深夜帯の予約も一定数あります【資料③】。サロンが営業していない時間でも予約したいというニーズがあるということがわかりますね。

ゆみ：12時台も多いですが、これはきっと、ランチ休憩の時間に電話ではなくネットで予約しているんでしょうね。

のじー：サロンで次回予約をしたいお客さまと、思い立った時にすぐネットで予約したいお客さまと、両方のニーズに応えられる準備があると良さそうですね。

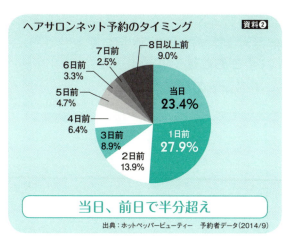

ヘアサロンネット予約のタイミング 資料②

- 当日 23.4%
- 1日前 27.9%
- 2日前 13.9%
- 3日前 8.9%
- 4日前 6.4%
- 5日前 4.7%
- 6日前 3.3%
- 7日前 2.5%
- 8日以上前 9.0%

当日、前日で半分超え

出典：ホットペッパービューティー　予約者データ（2014/9）

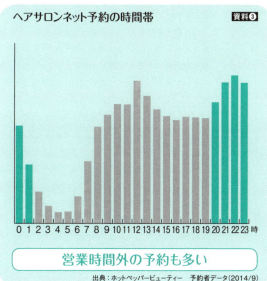

ヘアサロンネット予約の時間帯 資料③

営業時間外の予約も多い

出典：ホットペッパービューティー　予約者データ（2014/9）

---

point　忙しい女性たちの「いつでも、どこでも」に対応できるネット予約は、今後も増えていくと考えられる

顧客ニーズの真実

COLUMN3

「子どもと撮影する」
イベントの増加

　子どもの記念日を撮影するフォトスタジオが関東を中心に広がっています。お宮参り、ハーフバースデー、お食い初め……と、子どもの成長の節目ごとに専用スタジオで撮影するご家族が増えています。

　料金は撮影データで3万円程度が相場で、決して安くはないですが、人気スタジオになると半年前から予約で埋まります。貸衣装はもちろんのこと、子どものヘアスタイルやメイクまで(!?)できるスタジオも人気のようです。

　ここ数年で特に小さな子ども関連のイベントが増えてきました。「記念日」をたくさん作ることで、家族でのつながりの場を増やす、子どもを介して祖父母とのつながりの場をつくる、そんな思いもあるのかもしれません。

　そしてイベントがあるたびにSNSに写真を投稿するのは、もはや当たり前。SNSで子どもの七五三や入学式の写真を見かけることも多いのではないでしょうか。子ども用の撮影スタジオの盛り上がりも、「せっかく撮るならば」とSNSで多くの人に見られることを意識してかもしれません。

　私も息子の初誕生日にフォトスタジオを利用しました。とても素晴らしい写真をいただきましたが、ひとつ欲を言うならば、息子への衣装やヘアはいろいろケアいただくものの、一緒に写る両親は自己努力。育児でバタバタとスタジオに向かった私の髪はゴムでぎゅっと後ろに束ねられ、メイクも4〜5時間前にしたっきり。せっかくだから、ヘアサロンもセットだとなお良かったなあ・・と。サロンのヘアカタログにはいつも素敵な写真が載っているので、むしろサロンで撮影できたら……とも思いました。

　あるサロンさんでは「お客さまの撮影会」を実施されていますが、撮影会の当日は希望されるお客さまたちで一日がかりのイベントになるらしいです。「撮るならば美しく」というニーズから撮影とセットになったヘアサロンの可能性はありそうです。

ビューティ総研　田中公子

第 4 章

店販の真実

ヘアサロンの収益の柱として、今後力を入れたいと考えているサロンが多い「店販」。
お客さまが店販に関してどのように考えているかを中心に
今後の店販の可能性について考えてみましょう。

No. 35　ヘアサロンでの店販購入率の真実……p.84

No. 36　ヘアサロン店販の利用値段の真実……p.86

No. 37　初めての店販購入きっかけの真実……p.88

No. 38　店販を勧められたいタイミングの真実……p.90

No. 39　店販で最も売れる商品の真実……p.92

No. 40　店販中止者の真実……p.94

No. 41　サロン以外の購入ルートの真実……p.96

No. 42　非購入者の真実……p.98

ヘアサロンでの店販購入率の真実

※20～64歳女性に聞きました

21.0%

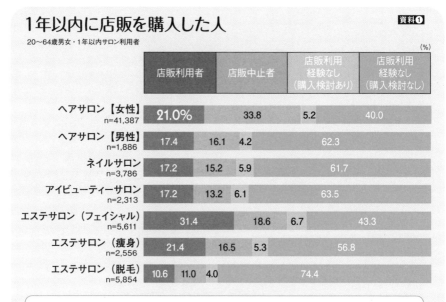

1年以内に店販を購入した人

資料①

20～64歳男女・1年以内サロン利用者 (%)

	店販利用者	店販中止者	店販利用経験なし（購入検討あり）	店販利用経験なし（購入検討なし）
ヘアサロン【女性】 n=41,387	21.0%	33.8	5.2	40.0
ヘアサロン【男性】 n=1,886	17.4	16.1	4.2	62.3
ネイルサロン n=3,786	17.2	15.2	5.9	61.7
アイビューティーサロン n=2,313	17.2	13.2	6.1	63.5
エステサロン（フェイシャル）n=5,611	31.4	18.6	6.7	43.3
エステサロン（痩身）n=2,556	21.4	16.5	5.3	56.8
エステサロン（脱毛）n=5,854	10.6	11.0	4.0	74.4

女性の店販購入者は5人に1人！

出典：㈱リクルートライフスタイル　ビューティ総研「店販に関する意識調査」(2013/8)

店販への取り組みは今後ますます重要に

ハム子：この1年間に1度でもサロンの店販を購入したことがある女性は、21.0％。一方で過去に店販を買ったことがあるけれども中止してしまった人は33.8％もいるということがわかりました【資料①】。

ゆみ：過去に店販を購入したことがない人も4割いるんですね。

のじー：店販について考えるときは、購入中止者を減らす対策と、未経験者の取り込みの両側面から考える必要があります。

ゆみ：1度購入してくださったお客さまへのフォローも重要ということですね。

ハム子：サロンの利用単価はここ数年減少しています【資料②】。客単価が下がっているということは、ますます店販への取り組みを強化したいところですよね。

ゆみ：ですが、今後店販の利用が増えると思うかどうかという調査は、あまり良い結果じゃないですね【資料③】。

ハム子：女性では「減ると思う」と答えた人が「増えると思う」人の約4.5倍もいましたし、男性でも約2倍でした。

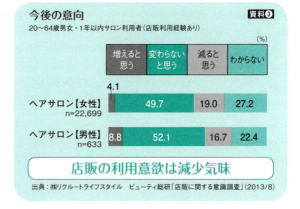

資料❷ ヘアサロンの利用単価
20～64歳女性・1年以内ヘアサロン利用者
- 2012年上期 n=4,823 ¥6,679
- 2013年上期 n=4,859 ¥6,633
- 2014年上期 n=4,626 ¥6,347

ヘアサロン利用単価も減少傾向

出典：㈱リクルートライフスタイル ビューティ総研「美容センサス2014年上期」(2013/8)

資料❸ 今後の意向
20～64歳男女・1年以内サロン利用者（店販利用経験あり）

	増えると思う	変わらないと思う	減ると思う	わからない
ヘアサロン【女性】n=22,699	4.1	49.7	19.0	27.2
ヘアサロン【男性】n=633	8.8	52.1	16.7	22.4

店販の利用意欲は減少気味

出典：㈱リクルートライフスタイル ビューティ総研「店販に関する意識調査」(2013/8)

のじー：お客さま側から積極的に店販を利用したいという声が聞こえないということは、このままでいくと厳しい結果になる可能性があります。サロンの中でのコミュニケーション、売り場の工夫など、店舗全体での店販への取り組みが重要になってきそうです。

> **point** 店販への取り組みは、中止者対策と未経験者対策の両輪で考える必要あり

ヘアサロン店販利用金額の真実

※20～64歳女性に聞きました

8,836円

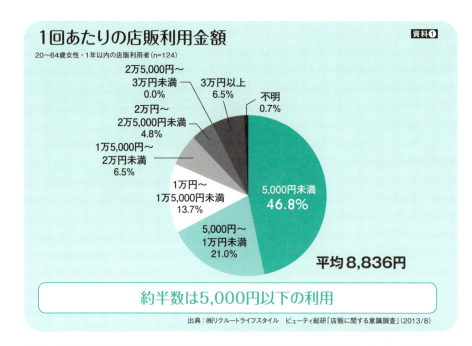

1回あたりの店販利用金額
20～64歳女性・1年以内の店販利用者(n=124)

- 5,000円未満 46.8%
- 5,000円～1万円未満 21.0%
- 1万円～1万5,000円未満 13.7%
- 1万5,000円～2万円未満 6.5%
- 2万円～2万5,000円未満 4.8%
- 2万5,000円～3万円未満 0.0%
- 3万円以上 6.5%
- 不明 0.7%

平均 8,836円

資料①

約半数は5,000円以下の利用

出典：㈱リクルートライフスタイル　ビューティ総研「店販に関する意識調査」(2013/8)

店販購入とサロン評価の関係性

ゆみ：1回あたりの店販の利用金額ですが、8,836円というのは予想以上に高くて、ちょっとびっくりしました【資料①】。

ハム子：半数は5,000円未満なのですが、15,000円以上の方も2割近くいるため、平均値は高くなっています。高額な美容家電やケア商品が増えている影響もありそうですね。

ゆみ：高額商品を購入する人と、そうではない人のバラつきが大きそうですね。

店販の真実 36

のじー：今回の調査でわかったのは、店販利用者は、サロンへの再来店意向も強いということです【資料②】。店販を購入してもらうというのは、単に「物を売る」というだけではなく、お客さまの日常の美に対して責任を持つということでもあります。それができるからこそ、リピーターになるんでしょうね。

ハム子：同様に、店販を購入する人たちは、購入しない人に比べてサロンを高く評価していることもわかりました【資料③】。

ゆみ：「この人から店販を買いたい」と思うということは、担当者に信頼を寄せているからと言えそうですね。

のじー：お客さまは、評価しているサロンだから商品を買う、信頼している美容師だから商品を買うという意識があることを知っておくと、店販への考え方も変わりそうです。

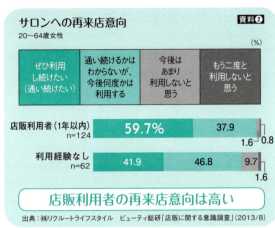

資料② サロンへの再来店意向 20〜64歳女性

	ぜひ利用し続けたい（通い続けたい）	通い続けるかはわからないが、今後何度かは利用する	今後はあまり利用しないと思う	もう二度と利用しないと思う
店販利用者（1年以内） n=124	59.7%	37.9	1.6	0.8
利用経験なし n=62	41.9	46.8	9.7	1.6

店販利用者の再来店意向は高い

出典：㈱リクルートライフスタイル　ビューティ総研「店販に関する意識調査」(2013/8)

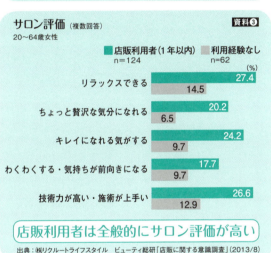

資料③ サロン評価（複数回答） 20〜64歳女性

店販利用者（1年以内）n=124／利用経験なし n=62 （%）

- リラックスできる：27.4／14.5
- ちょっと贅沢な気分になれる：20.2／6.5
- キレイになれる気がする：24.2／9.7
- わくわくする・気持ちが前向きになる：17.7／9.7
- 技術力が高い・施術が上手い：26.6／12.9

店販利用者は全般的にサロン評価が高い

出典：㈱リクルートライフスタイル　ビューティ総研「店販に関する意識調査」(2013/8)

ゆみ：もっと積極的に店販に取り組めるようになりそうですね。

---

point　店販購入は、サロンや担当者への「信頼の証」
評価の高いサロンほど購入率も高くなる

初めての店販購入きっかけの真実
「スタッフのお勧め」
※20～64歳女性に聞きました

54.0%

店販購入のきっかけ（スタッフ起因）（複数回答） 資料①
20～64歳女性・1年以内の店販利用者(n=124)

- サロンのスタッフに勧められたから 54.0%
- 自分の状態に合う商品だと思ったから 28.2
- サロンのスタッフの商品説明が丁寧・わかりやすかった 23.4
- その場で気軽に試せたから 9.7
- 商品特徴がわかりやすく書かれたものが置いてあった 2.4

スタッフのお勧めが最も重要

出典：㈱リクルートライフスタイル　ビューティ総研「店販に関する意識調査」(2013/8)

ヘアサロンならではの強みは？

ハム子：ここでは、店販購入のきっかけを、スタッフの働きかけによるもの【資料①】、商品の品質によるもの【資料②】、プロモーションによるもの【資料③】の3つのカテゴリーに分けて整理してみました。

ゆみ：これを見ると、スタッフのお勧めが断トツで多いという結果ですね。

ハム子：逆に、プロモーション的な理由はほとんどなくて、キャンペーンをしていたから買うというものではないということがわかります。

のじー：店販を「サロン技術のおまけ」というように副次的に考えているサロンもありますが、

お客さまの立場になって考えると、「そのヘアデザインを維持するために必要なケア」は知りたいと思うはずです。店販はむしろ、プロとして必要なサービスだと捉えるべきかもしれません。

ゆみ：購入のきっかけに多い「サロンのスタッフに勧められたから」「商品説明がわかりやすかった」「施術中の使用感が良かった」というような項目は、いずれも「サロン」という場があるからこその強みですよね。

ハム子：ドラッグストアなどとの違いは、施術に使用できることと、その人に最もあった商品をアドバイスしてあげられること。店販についての会話の糸口となる、ポップやディスプレイの工夫、試供品の提供なども効果的かもしれませんね。

のじー：サロンを「顧客のためのセレクトショップ」と考えて、「実演販売」の強みをもっと生かしていくことが大事ですね。

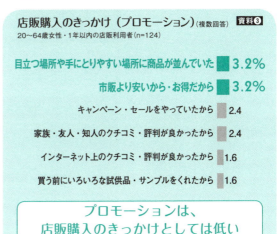

店販購入のきっかけ（品質）（複数回答） 資料❷
20〜64歳女性・1年以内の店販利用者(n=124)

- 施術中の使用感が良かったから 29.8%
- サロンの商品は、市販品よりも効果がある（ありそう） 11.3
- サロンの商品は、市販品よりも品質が良い（良さそう） 10.5
- サロンでしか買えないから 9.7
- サロンで使っているものと同商品で自宅でもケアしたい 8.9
- サロン以外で買うのは面倒だから 0.8

体感が購入につながる

出典：㈱リクルートライフスタイル ビューティ総研「店販に関する意識調査」（2013/8）

店販購入のきっかけ（プロモーション）（複数回答） 資料❸
20〜64歳女性・1年以内の店販利用者(n=124)

- 目立つ場所や手にとりやすい場所に商品が並んでいた 3.2%
- 市販より安いから・お得だから 3.2%
- キャンペーン・セールをやっていたから 2.4
- 家族・友人・知人のクチコミ・評判が良かったから 2.4
- インターネット上のクチコミ・評判が良かったから 1.6
- 買う前にいろいろな試供品・サンプルをくれたから 1.6

プロモーションは、店販購入のきっかけとしては低い

出典：㈱リクルートライフスタイル ビューティ総研「店販に関する意識調査」（2013/8）

---

point サロンという「場」の強みを活かした提案をしていきたい

店販を勧められたいタイミングの真実
「施術中」

※20〜64歳女性に聞きました

42.7%

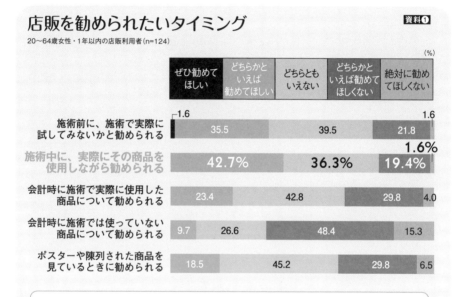

店販を勧められたいタイミング　資料①
20〜64歳女性・1年以内の店販利用者(n=124)

	ぜひ勧めてほしい	どちらかといえば勧めてほしい	どちらともいえない	どちらかといえば勧めてほしくない	絶対に勧めてほしくない
施術前に、施術で実際に試してみないかと勧められる	1.6	35.5	39.5	21.8	1.6
施術中に、実際にその商品を使用しながら勧められる		42.7%	36.3%	19.4%	1.6%
会計時に施術で実際に使用した商品について勧められる		23.4	42.8	29.8	4.0
会計時に施術では使っていない商品について勧められる	9.7	26.6	48.4	15.3	
ポスターや陳列された商品を見ているときに勧められる		18.5	45.2	29.8	6.5

施術中のお勧めが重要

出典：㈱リクルートライフスタイル　ビューティ総研「店販に関する意識調査」(2013/8)

店販を勧められたいタイミングを逃さずに

ハム子：お客さまが、どんなタイミングで店販を勧めてほしいと考えているかを調査しました。一番勧められたいタイミングは「施術中」です。実際にその商品を使用しながらお勧めされることに関しては、4割以上のお客さまが好意的でした【資料①】。

ゆみ：p89でも触れましたが、やはり実演とともにお勧めするのが説得力ありますよね。

店販の真実 38

ハム子：施術前に利用を促したり、ポスターや商品を見ているときにお勧めするのも有効性があるようです。逆に、施術で使用していない商品を会計時にお勧めするのは避けたほうが良さそうです。

のじー：特に、店販リピーターは、施術中に購入を決定する人が多いので【資料②】、使い方やその効用などを、臆せずお伝えしていくことが大事ですね。また、来店前に購入を決めている人も2割いますので、カルテに購入履歴を残しておき、ひと声、「必要な商品はありませんか」と声をかけるのも良さそうです。

ハム子：店販の今後の購入意向では、学生の購入意向が一番高く出ました【資料③】。

のじー：店販に先入観のない学生はサロンでの購入に憧れの意識もあると思います。その人に合ったものをお勧めをしたいところです。

店販購入決定タイミング【資料②】
20〜64歳女性・1年以内の店販利用者 (%)

	来店する前から	受付時	施術前の待ち時間	カウンセリング中	施術中	施術後の待ち時間	会計時	その他
この1年で2回以上利用 n=75	20.0		1.3	1.3	53.3%	4.0	4.0	16.1
この1年で1回だけ利用 n=49	8.2	14.3	6.1		36.7%	2.0	22.4	10.3

店販リピーターは半数以上が施術中に購入決定

出典：㈱リクルートライフスタイル　ビューティ総研「店販に関する意識調査」(2013/8)

店販今後の購入意向【資料③】
20〜64歳女性・1年以内のヘアサロン利用者

■ サロンで購入してみたいと思う　■ サロンで購入してみたいとは思わない

	思う	思わない
サロン利用者ベース n=18,718	13.7	86.3
会社員・公務員 n=3,651	16.8	83.2
派遣・契約社員 n=1,220	15.8	84.2
専門職 n=605	14.4	85.6
自営業 n=503	11.1	88.9
パート・アルバイト n=4,405	13.3	86.7
専業主婦(子供あり) n=4,367	10.8	89.2
専業主婦(子供なし) n=2,084	9.9	90.1
学生 n=794	26.8%	73.2
無職、定年退職 n=791	12.1	87.9
その他 n=298	11.4	88.6

学生の意向が強い

出典：㈱リクルートライフスタイル　ビューティ総研「店販に関する意識調査」(2013/8)

---

point
施術中のお勧めにより
お客さまの悩みを引き出しながら
商品に対するカウンセリングも可能に

店販で最も売れる商品の真実「シャンプー」

※20～64歳女性に聞きました

33.9%

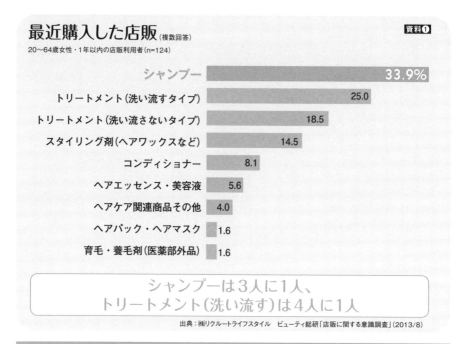

最近購入した店販（複数回答）
資料①
20～64歳女性・1年以内の店販利用者(n=124)

項目	%
シャンプー	33.9%
トリートメント（洗い流すタイプ）	25.0
トリートメント（洗い流さないタイプ）	18.5
スタイリング剤（ヘアワックスなど）	14.5
コンディショナー	8.1
ヘアエッセンス・美容液	5.6
ヘアケア関連商品その他	4.0
ヘアパック・ヘアマスク	1.6
育毛・養毛剤（医薬部外品）	1.6

シャンプーは3人に1人、
トリートメント（洗い流す）は4人に1人

出典：㈱リクルートライフスタイル　ビューティ総研「店販に関する意識調査」(2013/8)

店販利用者の特徴

ハム子：1年以内に店販を利用したお客さまに、最も購入されているのはシャンプー、次は洗い流すトリートメントでした【資料①】。

ゆみ：スタイリング剤をのぞくと、上位はほとんどヘアケア商品ですよね。ヘアケア商品は、サロン専売品と、一般普及品の差を感じやすいのかもしれないですね。

ハム子：通常、サロンメニューは60％がカット単品での利用なのですが、店販購入時にどんな

店販の真実

メニューを利用していたかを聞くと、カット単品は35.5%と通常よりかなり低い数字になりました【資料②】。

ゆみ：つまり、カット単品メニューのお客さまは店販購入につながりにくいということですよね。カラーやトリートメントなどのメニューを利用する人は、美意識やケア意識も高い人でしょうから、店販購入率も高いのかも。

のじー：カット以外のメニューを利用したお客さまには、<u>そのデザインを保つためにも、ヘアケアの必要性を伝えていく</u>ことが大事ですね。それが結果的に、店販購入につながると考えられます。

ハム子：店販利用者にヘアに関する悩みを聞くと、白髪についで、コシ、ハリ、クセ、薄毛など、加齢による悩みが多く見られました【資料③】。

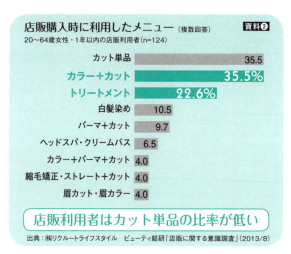

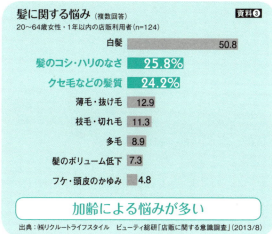

ゆみ：最近は、加齢毛に対する店販商品も増えてきています。サロンならではのカウンセリングで、加齢に対する悩みにこたえられる商品をお勧めしたいですね。

> **point** 店販購入者の多くは、加齢毛に対する悩みを持つ
> ヘアケアアドバイスとともに、商品のお勧めを

店販中止者の真実
店販利用者 ＜ 店販中止者
※20〜64歳女性に聞きました

21.0% ＜ 33.8%

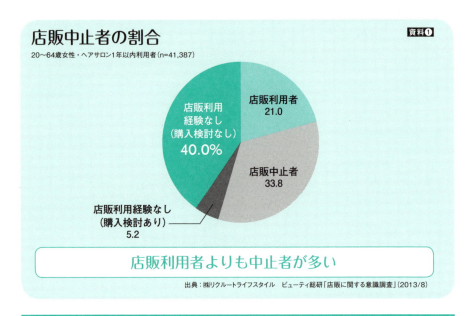

店販中止者の割合
20〜64歳女性・ヘアサロン1年以内利用者(n=41,387)

- 店販利用者 21.0
- 店販中止者 33.8
- 店販利用経験なし（購入検討あり）5.2
- 店販利用経験なし（購入検討なし）40.0%

店販利用者よりも中止者が多い

出典：㈱リクルートライフスタイル　ビューティ総研「店販に関する意識調査」(2013/8)

中止者とリピーターとの差は？

ハム子：1年以内にヘアサロンを利用した人のうち、店販を購入したことがある人は半数以上います。けれども、購入経験者の半数以上が、その後購入をやめてしまったということがわかります【資料①】。

のじー：購入までにはたどりつくものの、その後の継続利用にまでいたっていないわけです。そこで、店販を利用し続けている人と、購入をやめてしまった人の間には、どんな差があるかを調査したのが【資料②】になります。

ゆみ：この資料はとても興味深いですね。「スタッフの商品説明がわかりやすかった」や「自分

の状態に合う商品だと思った」というような評価が高い場合は、継続購入につながっているんですね。つまり、納得して購入した場合は、リピートされているということですよね。

のじー：サロンで商品を買うことのメリットは、「自分に合った商品を選んでもらえること」と「その使い方や効用について説明してもらえる」ということです。そのメリットがお客さまに伝わった場合は継続利用につながるし、それが伝わらなかった場合は1度購入したとしても、継続利用につながらないということがわかります。

ハム子：お客さまの立場になった店販提案ができているかがその後の利用の分かれ道になっているようです。

ゆみ：1度商品を売ったらおしまいというのではなく、店販購入中止者には、商品をリピートしない理由をヒアリングしてもいいかもしれないですね。今後のアフターフォローの参考にもなりそうです。

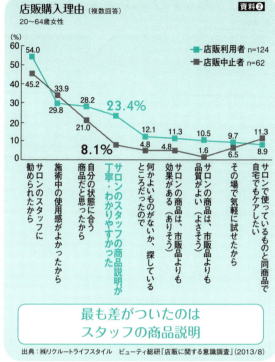

資料❷ 店販購入理由（複数回答） 20～64歳女性

── 店販利用者 n=124
── 店販中止者 n=62

最も差がついたのは
スタッフの商品説明

出典：㈱リクルートライフスタイル　ビューティ総研「店販に関する意識調査」(2013/8)

---

point

店販利用者と中止者との差は
どれだけ顧客の立場に立った提案が
できていたかどうか

サロン以外の購入ルートの真実
店販中止者のサロン以外での購入

※20～64歳女性に聞きました

17.7%

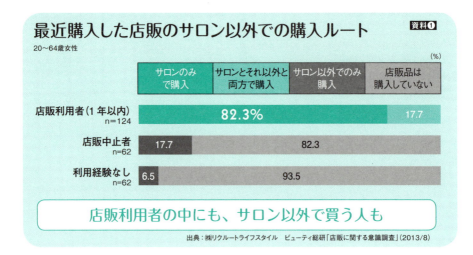

最近購入した店販のサロン以外での購入ルート　資料①
20～64歳女性

	サロンのみで購入	サロンとそれ以外と両方で購入	サロン以外でのみ購入	店販品は購入していない
店販利用者（1年以内） n=124		82.3%		17.7
店販中止者 n=62	17.7	82.3		
利用経験なし n=62	6.5		93.5	

店販利用者の中にも、サロン以外で買う人も

出典：㈱リクルートライフスタイル　ビューティ総研「店販に関する意識調査」(2013/8)

サロン以外の購入ルートも増加

ハム子：サロン専売品をどこで買っているかという質問をすると、サロンでの店販利用者でさえも17.7％の人がサロン以外で購入していることがわかりました【資料①】。

ゆみ：店販購入中止者も、実は17.7％はサロン以外で購入を続けているんですね。過去にサロンで商品を買ったことがある中止者に関しては、約8割は商品に魅力を感じなかったということですが、残りの2割の方は、商品自体は気に入って継続購入しているということですよね。ただ、サロンでは購入してもらえていない……。

のじー：裏を返せば、サロン以外の購入ルートで買っている人たちは商品「だけ」に価値を感じたということです。サロンで買う意味を感じなかったとも言えます。

店販の真実

ハム子：サロン以外での購入の理由は、主に値段と利便性なんですよね【資料②】。

のじー：店販のサイクルと来店のサイクルが違うという面に関しては、サロン側の工夫で改善できる余地がありそうですね。

ハム子：お客さま側からすると、店販購入だけでは気軽に来店できないという意識があるのかもしれません。そのあたりは、サロン側の声かけでフォローをしてあげられそうですね。

ゆみ：現在サロンで店販を購入している人たちの中にも、「今後はサロン以外での購入が増えそう」と思っている人がずいぶんいます【資料③】。

のじー：プロならではのアドバイスなど、サロンで買うことのメリットが感じられるように説明することが大事だと感じます。

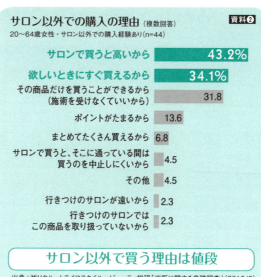

資料②　サロン以外での購入の理由（複数回答）
20〜64歳女性・サロン以外での購入経験あり（n=44）

- サロンで買うと高いから　43.2%
- 欲しいときにすぐ買えるから　34.1%
- その商品だけを買うことができるから（施術を受けなくていいから）　31.8
- ポイントがたまるから　13.6
- まとめてたくさん買えるから　6.8
- サロンで買うと、そこに通っている間は買うのを中止しにくいから　4.5
- その他　4.5
- 行きつけのサロンが遠いから　2.3
- 行きつけのサロンではこの商品を取り扱っていないから　2.3

サロン以外で買う理由は値段

出典：㈱リクルートライフスタイル　ビューティ総研「店販に関する意識調査」（2013/8）

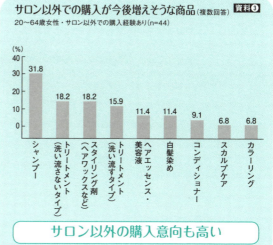

資料③　サロン以外での購入が今後増えそうな商品（複数回答）
20〜64歳女性・サロン以外での購入経験あり（n=44）

- シャンプー　31.8
- トリートメント（洗い流さないタイプ）　18.2
- スタイリング剤（ヘアワックスなど）　18.2
- トリートメント（洗い流すタイプ）　15.9
- ヘアエッセンス・美容液　11.4
- 白髪染め　11.4
- コンディショナー　9.1
- スカルプケア　6.8
- カラーリング　6.8

サロン以外の購入意向も高い

出典：㈱リクルートライフスタイル　ビューティ総研「店販に関する意識調査」（2013/8）

> **point**　施術との組み合わせやお客さまとの対話で値段に左右されない価値を提供したい

非購入者の真実
「金額に見合う効果が出るのかわからない」
※20～64歳女性に聞きました

19.4%

店販非購入理由 (複数回答)
20～64歳女性・店販利用経験なし(n=62)

資料①

理由	%
サロンの商品は、市販品に比べて価格が高いから	38.7
サロンで買うほどのこだわりがないから・市販品で満足しているから	29.0
金額に見合う効果が出るのかわからないから	**19.4%**
1つ買うと、他にも買わされそうだから	19.4
1度買うと、買うのを中止しにくいから	17.7
買う前に、試供品・サンプルをくれないから	11.3

5人に1人が店販品の効果を理解していない

出典：㈱リクルートライフスタイル　ビューティ総研「店販に関する意識調査」(2013/8)

非購入者は店販に価値を感じていない

ハム子：先ほどは店販購入中止者について考えましたが、こちらは過去1年間、店販を購入したことがない人についてのデータです。店販の非購入理由は、「値段が高い」という理由が一番多いのですが、「金額に見合う効果が出るのかわからない」という理由も上位に上がってきています【資料①】。

ゆみ：値段が高いという理由の人はなかなか取り込めないにしても、効果がわからないという人が多いのは、説明不足にもよるかもしれないですね。

のじー：サロン専売品が高いのには、それだけの理由があるはずです。それを説明できるかどうかが、店販のファンになってくれるかどうかの分かれ目です。お客さまは商品そのものだけではなく、商品にまつわる物語を買っている側面もあるので、積極的に説明をする必要がありますね。

ハム子：店販の利用経験がない人たちは、そもそも店販に接触していないということもわかりました【資料②】。

ゆみ：紹介もされていないし、陳列も見ていないとなると、確かに、店販を購入するきっかけもないですよね。

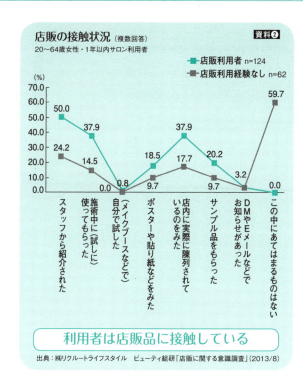

出典：㈱リクルートライフスタイル　ビューティ総研「店販に関する意識調査」(2013/8)

ハム子：実際にはサロンに陳列されているのに目にとまっていないという可能性もあります。お客さまの目線の位置にディスプレイしたり、ポップを作ったりなどの工夫で、もっと店販に関する会話をするきっかけは増やせると思います。

のじー：陳列棚の幅は100センチ程度がのぞましいとか、スタッフのお勧めコメントをつけると興味を持たれやすいなど、商品陳列や展示の原則ルールを取り入れてみても良いかもしれません。

point　まずはお客さまと店販との接触を増やし商品の物語を語れるきっかけづくりを

COLUMN4

お客さま「を」ではなく
お客さま「が」の意識改革

　今、日本の売場は大きく変わりつつあります。消費行動や顧客意識の変化は美容に限った話ではなく全ての業種で起こっていることです。商品を置くだけ、陳列を工夫するだけでは売れません。訪問販売や対面販売も苦戦しています。ポイント化やプラスワンサービスなどは囲い込みにも集客にも役立ちそうです。安いのはありがたいことですが、一方で、安いことがムダ買いを増やしてもいます。

　ネット販売や量販店のチェーン化も進む中、技術もあわせ持ったビューティの専門家が対応してくれる「サロン」という存在はとても価値ある売場です。ヘアケアを含む化粧品は全般的に種類が多く、自分にあったモノが何か？　という点で今や消費者には相談するパートナーがいない状態。課題解決をさっとしてくれる「プチソリューション」が必要なのです。コスメの成分や適切な使用法のアドバイスができ、場合によってはその場で試してもらうことができるサロンという売場は、コスメ全体の市場をかなりカバーできる可能性があるのではないでしょうか。

　以前セミナーでご一緒した「40代を超えても売上を伸ばし続けている現役男性スタイリスト」の方々に共通していることのひとつが店販比率の高さでした。さらに皆さん同じだったのが「お客さまを」ではなく、「お客さまが」と考えていること。「を」ではなく「が」。つまり主語が自分ではなくお客さまなのです。お客さま「を」何とかしたいのは店の都合。お客さま「が」困っていること、考えていることに思いを到らすのが顧客主義です。

　お客さまのありたい姿を実現するため、サロンに来られない時間に手助けしてくれるのが商品です。来店いただけるのが年間5日間だとしても残りの360日はお会いすることができません。来店いただけない時間帯をケアし、サロンやスタイリストとを接続してくれるのも商品。商品を考えることは即ち、サロンのあるべき姿について考えることなのだと思います。

ビューティ総研　野嶋　朗

第 5 章

アジアマーケットの真実

2020年のオリンピックイヤーを控え、日本を訪れる外国人は増加の一途と予想されます。美容業界にとっても、インバウンド（訪日外国人旅行者）のための施策や海外出店が身近になってきます。ここではアジアを中心とした海外マーケットを見ていきます。

No. 43　日本のヘアサロンに行ったことのある
中国・香港・韓国・台湾からの旅行者の真実……p.102

No. 44　日本に住む留学生のヘアサロン利用の真実……p.104

No. 45　「日本のヘアサロン技術は自国よりも優れている」の真実……p.106

No. 46　台湾在住女性と日本女性のヘアサロン来店頻度の真実……p.108

No. 47　台湾女性のパーマ比率の真実……p.110

No. 48　ASEANのヘアサロン利用平均の真実……p.112

No. 49　インドネシアのヘアサロン利用頻度の真実……p.114

No. 50　マレーシアのエステティックサロン利用率の真実……p.116

No. 51　フィリピンのネイルサロン利用頻度の真実……p.118

No. 52　シンガポールのヘアサロン利用単価の真実……p.120

No. 53　タイのヘアサロン利用頻度の真実……p.122

No. 54　ベトナムのネイルサロン利用頻度の真実……p.124

日本のヘアサロンに行ったことのある中国・香港・韓国・台湾からの旅行者の真実

20.9%

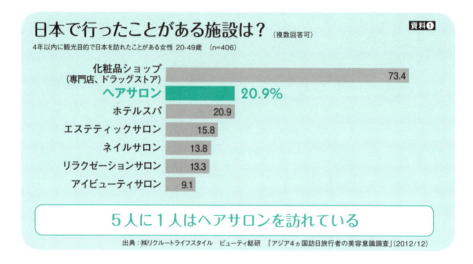

日本で行ったことがある施設は？（複数回答可）　資料①
4年以内に観光目的で日本を訪れたことがある女性 20-49歳　(n=406)

- 化粧品ショップ（専門店、ドラッグストア）　73.4
- **ヘアサロン　20.9%**
- ホテルスパ　20.9
- エステティックサロン　15.8
- ネイルサロン　13.8
- リラクゼーションサロン　13.3
- アイビューティサロン　9.1

5人に1人はヘアサロンを訪れている

出典：㈱リクルートライフスタイル　ビューティ総研　「アジア4ヵ国訪日旅行者の美容意識調査」(2012/12)

旅行者には日本の美容サロンが魅力的にうつっている

ハム子：過去4年以内に日本に来たことがある女性のうち、ヘアサロンを利用したことがある人は20.9%もいました【資料①】。

ゆみ：前回の『50の数字』で紹介しましたが、来日する女性旅行者のうち「美容サロンに行きたい」という人は、テーマパークや世界遺産に行きたい人より多かったんですよね。

のじー：そうなんです。化粧品ショップに行ったという人も73.4%もいますから、全体的に日本での美容体験に興味があると言えそうですね。

ハム子：日本のヘアサロンを利用したいかどうかという質問に対しては、中国の女性で85.9%が利用したい意向があります。一番少ない韓国でも41.7%ですから、日本のヘアサロンに行きた

いニーズはかなり大きいのです【資料②】。

ゆみ：利用したい人が4〜8割と多いのに対して、実際利用している人は2割程度だということは、このマーケットにはまだまだ可能性がありますね。

ハム子：実際に旅行者の方々がヘアサロンでの施術を経験すると、ポジティブな感想が増え、ネガティブな感想は減ります【資料③】。

のじー：事前に心配していた要素も、実際に施術を受けたら大きな問題ではなかったと考える人が多いということなので、利用にさえこぎつければ、日本のヘアサロンに良い印象を持ってもらえそうです。

ハム子：一方で施術にかかる時間などは、工夫の余地がありそうです。

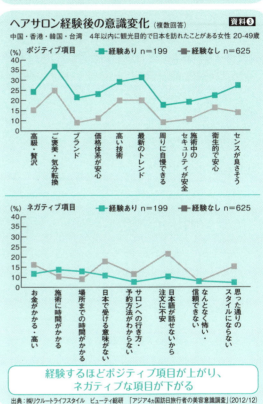

point 日本でヘアサロンに行ってみたいという外国人は多い
また、経験するとポジティブな印象に

日本に住む留学生の
ヘアサロン利用の真実

※中国・韓国・台湾からの女子留学生に聞きました

81.8%

※福岡県在中の中国・韓国・台湾からの女子留学生で、日本でのヘアサロン経験者の割合

中国・韓国・台湾からの留学生のヘアサロン利用頻度　資料①

福岡県在住の中国・韓国・台湾からの女子留学生（20代比率88.0%）、日本：九州エリア20代女性　ともに日本でのヘアサロン経験者（以下同様）

(%)

	1ヶ月に1回以上	2〜3ヶ月に1回程度	半年に1回程度	1年に1回程度	過去1年間に利用していない	過去に利用したことはない	無回答
中国・韓国・台湾 n=225	10.2%	35.1		20.9	11.6	4.0	17.3 — 0.9
日本 n=3,768	10.2%	58.2			19.8	4.6	5.1 — 2.0

1ヵ月に1回以上のヘビーユーザーの割合は同じ

出典：中国・台湾・韓国／㈱リクルートライフスタイル　ビューティ総研　「福岡県における留学生の美容意識調査」(2011/3)
日本／㈱リクルートライフスタイル　ビューティ総研「美容センサス2011年 上期」(2011/5)

留学生のヘアサロン利用には頻度差がある

ハム子：この資料は福岡県で調査したデータになります。福岡県に留学している中国・韓国・台湾の女性のヘアサロンの来店頻度を調べたものです。1ヵ月に1回以上来店するヘビーユーザーは10.2%で、この割合は日本人女性の平均値と同じになりました【資料①】。

ゆみ：一方で、過去に利用したことがないという人も17.3%いますので、ヘビーユーザーと、未経験者のギャップが大きいですね。

のじー：頻繁にヘアサロンに通ってサロンを使いこなしている人と、使いこなせていない人の間に大きな差がありそうです。

アジアマーケットの真実 44

ハム子：利用金額に関しては、2,001〜4,000円がボリュームゾーンです【資料②】。日本人の利用金額より低い傾向があります。

のじー：平均カット料金は中国で300円、韓国で2,800円、台湾で1,300円程度と言われているので、日本のヘアサロン料金は高く感じるのかもしれないですね。

ゆみ：ヘアサロンを利用するときの重要視ポイントを見ると、技術に対する要望が高いです【資料③】。

ハム子：インテリアの雰囲気や、交通の便というようなサロン由来の項目よりも技術とスタッフに対するポイントが高いのが特徴的でした。

のじー：回答者の実際の声としては「美容師さんたちがみんなかっこよくて個性がある」「技術レベルが高い」「押し売りがないのが良い」といった声が聞かれました。ヘアサロンの付加価値が伝われば、単価が上がってくる可能性もあると感じます。

資料② 中国・韓国・台湾からの留学生のヘアサロン利用金額
日本でのヘアサロン経験者（中国・韓国・台湾）(n=184)

	1〜2,000円	2,001〜4,000円	4,001〜6,000円	6,001〜8,000円	8,001〜10,000円	10,001円以上	無回答
中国・韓国・台湾 n=184	11.4	38.0	21.2	8.2	13.0	4.9	3.3
日本 n=109	9.2	22.9	17.4	17.4	22.0	11.0	0.1

日本人と比べてサロンの使い方に差があるのでは？

出典：中国・台湾・韓国／㈱リクルートライフスタイル ビューティ総研「福岡県における留学生の美容意識調査」(2011/3)
日本／㈱リクルートライフスタイル ビューティ総研「美容センサス2011年 上期」(2011/5)

資料③ ヘアサロン利用時の重要視ポイント（複数回答）
日本でのヘアサロン経験者（中国・韓国・台湾）(n=184)

- 技術が優れていること　51.1%
- スタッフが優れていること　39.7%
- お店の雰囲気・インテリアが良いこと　26.1
- 交通の便が良いこと　26.1
- センスが良い感じがすること　25.5
- 料金がリーズナブルであること　25.5
- 信頼できる感じがすること　23.9
- 親しみやすい感じがすること　21.2
- 設備・施設が充実していること　18.5
- メジャーな感じがすること　2.7

人（技術・スタッフ）に対するニーズが高い

出典：㈱リクルートライフスタイル ビューティ総研「福岡県における留学生の美容意識調査」(2011/3)

---

point：技術の高さ、接客の良さを体験してもらうことで日本のヘアサロンの評価も上がるのでは

「日本のヘアサロン技術は自国よりも優れている」の真実

※中国・韓国・台湾からの女子留学生に聞きました

67.9%

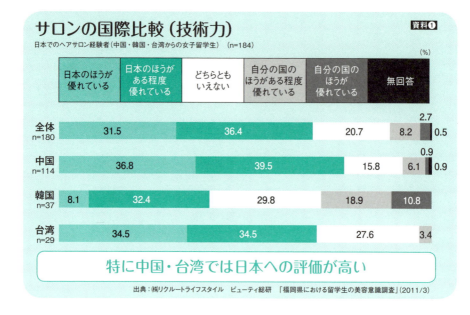

サロンの国際比較（技術力） 資料①

日本でのヘアサロン経験者（中国・韓国・台湾からの女子留学生）（n=184）

凡例：日本のほうが優れている｜日本のほうがある程度優れている｜どちらともいえない｜自分の国のほうがある程度優れている｜自分の国のほうが優れている｜無回答 （%）

	日本のほうが優れている	日本のほうがある程度優れている	どちらともいえない	自分の国のほうがある程度優れている	自分の国のほうが優れている	無回答
全体 n=180	31.5	36.4	20.7	8.2	2.7	0.5
中国 n=114	36.8	39.5	15.8	6.1	0.9	0.9
韓国 n=37	8.1	32.4	29.8	18.9	10.8	
台湾 n=29	34.5	34.5	27.6	3.4		

特に中国・台湾では日本への評価が高い

出典：㈱リクルートライフスタイル　ビューティ総研　「福岡県における留学生の美容意識調査」(2011/3)

日本のヘアサロンへの評価は高い

ハム子：こちらも福岡県での調査データです。中国・韓国・台湾の女子留学生に聞いたところ、日本のヘアサロンの技術力は自国より優れていると回答した人が、67.9%にのぼりました【資料①】。

のじー：韓国の留学生は自国を評価する割合がやや上がりますが、3国とも日本のヘアサロンの技術に対する評価は高く出ています。

ハム子：一方で、ヘアサロンのブランド力に関する印象は、中国、台湾では高く評価され、

韓国では技術よりは低めに評価されました【資料②】。

ゆみ：先ほど紹介した「サロン経験者ほどポジティブな評価が上がり、ネガティブな評価は下がる」というデータと合わせて考えると【p103資料③参照】、この技術力やブランド力も、経験してもらうほど高く評価されていきそう。

のじー：中国や台湾では、「日式スタイル」という言葉があるほど、日本の美容サービスは定着しています。

ハム子：日本の雑誌を読んでいる留学生も多いようです【資料③】。

ゆみ：翻訳版も出ているViViの人気は圧倒的ですね。3人に1人というのはかなりのボリューム。ちょっとカジュアルなテイストが人気なのかな。

のじー：これらの雑誌が日本のファッションや美容への憧れをリードしているのかもしれません。

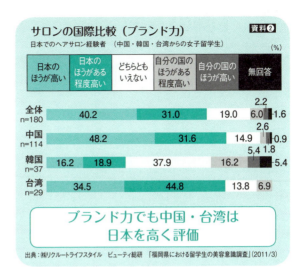

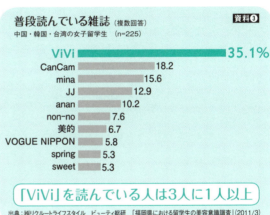

point　技術、ブランド力ともに高評価。経験してもらうと日本のヘアサロンの良さを実感してもらえる

台湾在住女性と日本女性のヘアサロン来店頻度
1ヶ月に1回の真実

台湾 38.0% ＞ 日本 9.0%

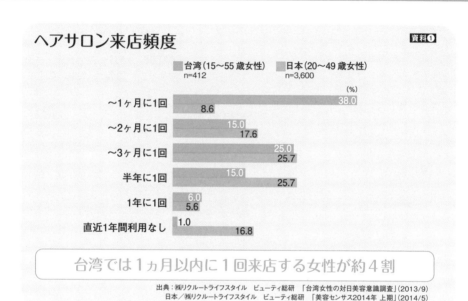

ヘアサロン来店頻度　資料①

台湾（15〜55歳女性）n=412 ／ 日本（20〜49歳女性）n=3,600

頻度	台湾(%)	日本(%)
〜1ヶ月に1回	38.0	8.6
〜2ヶ月に1回	15.0	17.6
〜3ヶ月に1回	25.0	25.7
半年に1回	15.0	25.7
1年に1回	6.0	5.6
直近1年間利用なし	1.0	16.8

台湾では1ヵ月以内に1回来店する女性が約4割

出典：㈱リクルートライフスタイル　ビューティ総研　「台湾女性の対日美容意識調査」(2013/9)
日本／㈱リクルートライフスタイル　ビューティ総研　「美容センサス2014年 上期」(2014/5)

台湾のヘアサロン事情

ハム子：ここからは、台湾に関して調査した資料をもとに、台湾女性の美容に対する意識について見ていきたいと思います。ヘアサロンの来店頻度は、台湾女性の方が日本の女性よりも圧倒的に高いことがわかりました【資料①】。

ゆみ：1ヵ月に1回ペースは、日本では約1割しかいないのに、台湾では約4割！

のじー：美容習慣の違いがあるように思います。日本人にとってヘアサロンは特別な場所、台湾女性にとっては、日常的に訪れる場所という感覚差がありそうです。

アジアマーケットの真実 46

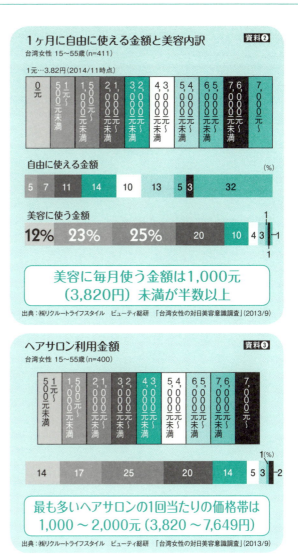

ハム子：台湾の女性が1ヵ月に自由に使える金額について聞きました。5,000元（19,100円）以内が半数以上。そのうち、1ヵ月の美容にかける金額は1,000元（3,820円）未満が半数を超えています【資料②】。

のじー：3,000元（11,460円）以上美容に使う人も1割いますし、逆に500元（1,910円）以内も35％います。美容に対するお金のかけ方が、3層に分かれているようですね。

ゆみ：ヘアサロンの利用額は1回につき1,000～2,000元（3,820～7,649円）がボリュームゾーンですから【資料③】、決して、サロンがものすごく安いから毎月行っているという感じではないですよね。

のじー：ヘアサロンの利用に関しても、やはり1割は4,000元（15,280円）以上支払っています。美容に積極的な消費を行なう層がいることがわかります。

point 台湾でも、おおむね10人に1人が美容に積極的な高感度層

109

台湾女性のパーマ比率の真実

52%

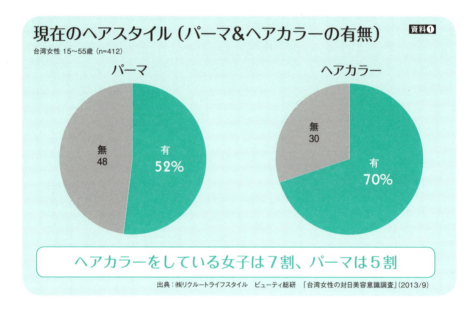

現在のヘアスタイル（パーマ＆ヘアカラーの有無） 資料①
台湾女性 15～55歳（n=412）

パーマ：無 48 / 有 52%
ヘアカラー：無 30 / 有 70%

ヘアカラーをしている女子は7割、パーマは5割

出典：㈱リクルートライフスタイル　ビューティ総研　「台湾女性の対日美容意識調査」（2013/9）

パーマやヘアカラーに積極的な台湾女性

ハム子：引き続き、台湾女性の美容意識について見ていきます。

ゆみ：このデータ、びっくりしました。パーマをかけている女性が約半数もいるんですね【資料①】。日本のパーマ比率はだいたい20％程度でしたから、このパーマ率はずいぶん高く感じます。

ハム子：カラー率は2章で触れましたが【p38資料①】、日本では46.7％だったので、やはりカラーをしている人の割合も台湾の方が高いです。レングスはミディアムが一番多いという結果

でした【資料②】。

のじー：パーマヘアを乾かすためのスタイラーも人気だそうですよ。

ゆみ：日本でもパーマが流行った時代がありましたが、台湾では今、まさにそういう時代なのかなあ。今、日本のパーマって形を作るというよりは、質感を変えるようなものが増えていますよね。ゆるふわ、みたいな。

ハム子：実は、アンケートでは「日本のパーマはどうしてこんなにゆるいのか？」「シャンプーをするとすぐに戻ってしまった」などの声もありました。日本人のパーマに対するイメージとは、ギャップがあるのかもしれないですね。

のじー：台湾女性の日本のヘアサロンへの興味はとても高いので【資料③】、彼女たちが日本でヘアサロン経験をしてくれれば、日本での美容体験の活性化につながりそうです。

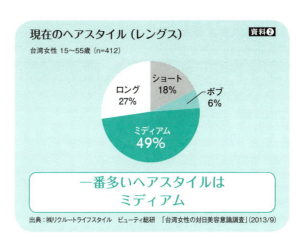

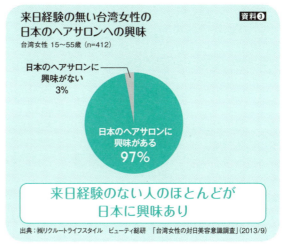

point
パーマに対するイメージの違いなどのニーズをくみ取りつつ、インバウンドの活性につなげたい

ASEANの年間ヘアサロン利用回数の真実

ASEAN6ヵ国平均 12.8回 > 日本 4.4回

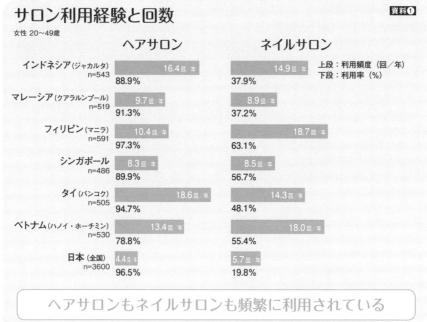

サロン利用経験と回数　資料①
女性 20～49歳

	ヘアサロン	ネイルサロン	
インドネシア(ジャカルタ) n=543	16.4回/年 88.9%	14.9回/年 37.9%	上段：利用頻度（回／年）下段：利用率（％）
マレーシア(クアラルンプール) n=519	9.7回/年 91.3%	8.9回/年 37.2%	
フィリピン(マニラ) n=591	10.4回/年 97.3%	18.7回/年 63.1%	
シンガポール n=486	8.3回/年 89.9%	8.5回/年 56.7%	
タイ(バンコク) n=505	18.6回/年 94.7%	14.3回/年 48.1%	
ベトナム(ハノイ・ホーチミン) n=530	13.4回/年 78.8%	18.0回/年 55.4%	
日本(全国) n=3600	4.4回/年 96.5%	5.7回/年 19.8%	

ヘアサロンもネイルサロンも頻繁に利用されている

出典：ASEAN6ヵ国／㈱リクルートライフスタイル　ビューティ総研「ASEAN6ヵ国　美容行動の実態調査」(2013/7)
日本／㈱リクルートライフスタイル　ビューティ総研「美容センサス2014年上期」(2014/5)

ASEAN各国のヘアサロン利用

ハム子：ここからは、ASEAN6ヵ国の美容事情について紹介していきたいと思います。まず、ASEANの国々のヘアサロンとネイルサロンの利用率と、年間利用回数をまとめました。ヘアサロンの利用率は日本が高いですが、年間利用回数となると、ASEAN6ヵ国の平均は日本のほぼ3倍です【資料①】。

ゆみ：これは衝撃的なデータですね。一番少ないシンガポールでも日本の2倍、タイでは年間18.6回もヘアサロンに行くんですね。

のじー：来店頻度が日本とは全く違ってヘアサロンが日常使いされているのがわかります。日本はヘアサロンを特別な場にしすぎてしまったのでは？とも感じます。

ハム子：ネイルサロンに関しては、実はASEAN諸国に比べて、日本は経験率も利用頻度も断トツに低いんです。

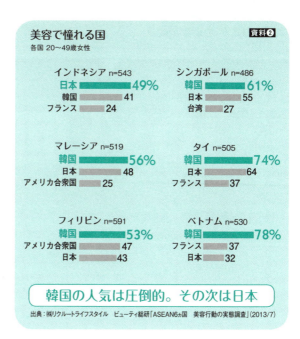

美容で憧れる国
各国 20〜49歳女性　資料②

インドネシア n=543
日本 49%／韓国 41／フランス 24

シンガポール n=486
韓国 61%／日本 55／台湾 27

マレーシア n=519
韓国 56%／日本 48／アメリカ合衆国 25

タイ n=505
韓国 74%／日本 64／フランス 37

フィリピン n=591
韓国 53%／アメリカ合衆国 47／日本 43

ベトナム n=530
韓国 78%／フランス 37／日本 32

韓国の人気は圧倒的。その次は日本

出典：㈱リクルートライフスタイル　ビューティ総研「ASEAN6ヵ国　美容行動の実態調査」(2013/7)

ゆみ：ネイルサロン利用に関しては、日本は発展途上国と言ってもいいくらいの数字ですね。

のじー：例えばフィリピンのネイルサロンの平均利用金額は900円程度、ベトナムでは1,700円程度です。日常的に使いやすい金額で来店頻度が高い身近な場です。日本のヘアサロンやネイルサロンは、高単価で来店頻度が低い。ずいぶんモデルが違うと感じます。

ハム子：ASEAN諸国の女性が美容で憧れる国は、韓国をあげる人が多いです【資料②】。

のじー：韓国は国をあげて韓流ブームを後押ししています。日本ももっとオールジャパンで対抗していかなくては、憧れの国として韓国を追い抜くのは難しいかもしれません。

point
ASEAN諸国と日本では、来店頻度の差が圧倒的
サロンの使い方は、見習うべき点も

インドネシア（ジャカルタ）のヘアサロン利用頻度の真実

16.4回／年

サロン利用率・頻度・金額

資料①

インドネシア（ジャカルタ）女性20～49歳（n=543）　　1円に対するルピア金額　112.24Rp（2014年10月29日時点レート）

	利用率(%)	頻度(回／年)	金額(Rp／回)	円換算(円)
ヘアサロン	88.9	16.4	348,987	3,109
ネイルサロン	37.9	14.9	227,802	2,030
ボディトリートメントサロン ※1	69.4	13.8	392,179	3,494
スパ	63.9	13.1	437,213	3,895
ビューティークリニック ※2	57.1	11.6	611,419	5,447

※1 エステティック、ボディケア　※2 ボトックス、ピーリング、レーザーなどの美容外科

ヘアサロンの利用頻度は年16.4回と高い

出典：㈱リクルートライフスタイル　ビューティ総研「ASEAN6ヵ国　美容行動の実態調査」(2013/7)

美容に関心が高い女性が多いインドネシア

ハム子：ここからは、ASEAN 6ヵ国について、それぞれ詳しく見ていきたいと思います。まずはインドネシアから。ヘアサロンの利用率は88.9％とそれほど高くありませんが、来店頻度が年に16.4回と、タイに次いで多い国です【資料①】。

のじー：おこづかいのうちに占める美容代金が42%【資料②】。これは、6ヵ国の中で一番高い数字です。美容に対する意識が高い国なんでしょう。経済発展も加速していますし、今後の美容マーケットを考えると魅力的な国ですね。

ゆみ：インドネシアは6ヵ国の中で唯一、美容で憧れる国の調査で日本が1位の国ですね【p113資料②参照】。

アジアマーケットの真実 49

のじー：美容に関わらず、今、ジャカルタに注目している日本企業は多いのですが、それを裏付ける結果となりました。

ハム子：美容に対する意識調査でも、「人は見た目が大事」「化粧は毎日しっかりする」という項目のポイントが、6ヵ国で一番高く出ています【資料③】。美容に対する関心の高さがここにも現れていますね。

ゆみ：仕事よりもプライベート重視の女性が多いのも特徴ですね。

のじー：イスラム教徒が多い国なので、ファッションや外見で宗教上の制約がある人が半数以上いますが、そこに対応できれば、**経済発展度的にも、美容に対する関心度的にも、十分に美容ビジネスのチャンスがある国**だと言えそうです。

おこづかいのうちの美容にかける金額の割合　資料②
インドネシア女性 20～49歳(n=543)

	平均金額(Rp)	円換算(円)
おこづかい	1,576,761	14,048
美容代	660,278	5,883

1円に対するルピア金額　112.24Rp(2014年10月29日時点レート)

おこづかいに占める美容代は42%

出典：㈱リクルートライフスタイル　ビューティ総研「ASEAN6ヵ国　美容行動の実態調査」(2013/7)

美容意識　資料③
インドネシア女性 20～49歳(n=543)

A (Aに近い＋ややAに近い)	A計	B計	B (Bに近い＋ややBに近い)
人は見た目が大事だと思う	64%	36%	見た目より中身が大事だと思う
海外のメイクやファッション、美容法は積極的に取り入れたい	68%	32%	海外のメイクやファッション、美容法はあまり試したくない
化粧はあまりしない	34%	66%	化粧は毎日しっかりする方だ
ファッションや外見は、宗教上の理由による制約がある	55%	45%	ファッションや外見には宗教上の理由による制約がない
新しいファッションや流行は積極的に取り入れる方だ	57%	43%	新しいファッションや流行はあまり取り入れない方だ
常にかわいくみられたい	77%	23%	人からどうみられるかは特に気にしない
女性より男性にキレイだと思われたい	74%	26%	男性より女性にキレイだと思われたい
仕事よりプライベートを充実させたい	79%	21%	プライベートより仕事を充実させたい
ファッションや化粧品は、ブランド品を購入したい	64%	36%	ファッションや化粧品は、ブランド品にはこだわらない
運動や食事、スキンケアに興味がある	73%	27%	ファッションやメイクに興味がある

「見た目」の意識が高く化粧はしっかりのプライベート重視派

出典：㈱リクルートライフスタイル　ビューティ総研「ASEAN6ヵ国　美容行動の実態調査」(2013/7)

---

point　親日でもあり、美容への関心も高いインドネシア
今後も美容マーケットは充実していきそう

マレーシア(クアラルンプール)の
エステティック利用率の真実

73.2%

サロン利用率・頻度・金額
資料①

マレーシア(クアラルンプール)女性20-49歳(n=519)
1円に対するマレーシア リンギット金額　0.03RM(2014年10月29日時点レート)

	利用率(%)	頻度(回/年)	金額(RM/回)	円換算(円)
ヘアサロン	91.3	9.7	121	4,040
ネイルサロン	37.2	8.9	80	2,674
ビューティセンター※	73.2	10.1	175	5,844

※エステティック、ボディケア、アイビューティ

エステティックサロンの利用率が非常に高い

出典:㈱リクルートライフスタイル　ビューティ総研「ASEAN6ヵ国　美容行動の実態調査」(2013/7)

美容マーケットは今後の拡大に期待

ハム子:次はマレーシアに住む女性の美容に対する調査データです。日本のエステティックサロンにあたるビューティセンターの利用率が73.2%と、非常に高くなっています【資料①】。参考までに日本のエステティックサロンの利用率は、フェイシャルで25.7%、痩身で16.4%、脱毛で30.2%ですから、それに比べても、いかに利用が多いかがわかると思います。

のじー:マレーシアは多民族の国家です。マレー民族と華僑が多数を占め、クアラルンプールを中心に発達してきました。ショッピングモールの中に、サービスレベルの高い美容系のショップやサロンが出店しているのが特徴です。モールへの出店料は高く、モールに入っているサロンは女性の憧れでもあります。

ハム子:おこづかいに占める美容の費用は24%で、これは6ヵ国の中では一番低い数字になりました【資料②】。

ゆみ:美容意識の調査を見ると、ファッションや外見に宗教上の制約がある人が61%と、6ヵ

アジアマーケットの真実 50

国の中で最も高いですね【資料③】。

のじー：「見た目より中身が大事」、「化粧はあまりしない」、「新しいファッションや流行はあまり取り入れない」などの項目のポイントが高く、美容に関しては、ややコンサバティブな国民性と言えるかもしれません。

ハム子：「運動や食事、スキンケアに興味がある」人も多く、健康志向も強いと言えそうです。

ゆみ：気になったのは「男性より女性にキレイだと思われたい」という人が約4割いることです。同性モテを意識する割合は、6ヵ国の中で一番高いんですね。

のじー：見た目だけの美しさではなく、食事や健康、肌に対する意識など、トータルでの美容提案が重要な国かもしれないですね。

おこづかいのうちの美容にかける金額の割合 〔資料❷〕
マレーシア女性20-49歳(n=519)

	平均金額(RM)	円換算(円)
おこづかい	872	29,067
美容代	207	6,900

1円に対するマレーシア リンギット金額　0.03RM(2014年10月29日時点レート)

おこづかいに占める美容代は24%

出典：㈱リクルートライフスタイル　ビューティ総研「ASEAN6ヵ国　美容行動の実態調査」(2013/7)

美容意識 〔資料❸〕
マレーシア女性 20〜49歳(n=519)

A (Aに近い＋ややAに近い)	A計	B計	B (Bに近い＋ややBに近い)
人は見た目が大事だと思う	51%	49%	見た目より中身が大事だと思う
海外のメイクやファッション、美容法は積極的に取り入れたい	64%	36%	海外のメイクやファッション、美容法はあまり試したくない
化粧はあまりしない	69%	31%	化粧は毎日しっかりする方だ
ファッションや外見は、宗教上の理由による制約がある	61%	39%	ファッションや外見には宗教上の理由による制約がない
新しいファッションや流行は積極的に取り入れる方だ	46%	54%	新しいファッションや流行はあまり取り入れない方だ
常にかわいくみられたい	65%	35%	人からどうみられるかは特に気にしない
女性より男性にキレイだと思われたい	61%	39%	男性より女性にキレイだと思われたい
仕事よりプライベートを充実させたい	76%	24%	プライベートより仕事を充実させたい
ファッションや化粧品は、ブランド品を購入したい	53%	47%	ファッションや化粧品は、ブランド品にはこだわらない
運動や食事、スキンケアに興味がある	80%	20%	ファッションやメイクに興味がある

健康・ナチュラル・プライベート志向が高め

出典：㈱リクルートライフスタイル　ビューティ総研「ASEAN6ヵ国　美容行動の実態調査」(2013/7)

---

point　運動や食事への意識が高く、エステティックサロンの利用も多い。トータルな美のアドバイスが重要

フィリピン(マニラ)の ネイルサロン利用の真実

18.7回／年

サロン利用率・頻度・金額 資料①

フィリピン(マニラ)女性 20〜49歳(n=591)

1円に対するフィリピン ペソ金額 0.41Php(2014年10月29日時点レート)

	利用率(％)	頻度(回／年)	金額(Php／回)	円換算(円)
ヘアサロン	97.3	10.4	984	2,401
ネイルサロン	63.1	**18.7**	370	902
フェイシャルビューティセンター※	71.9	10.9	1,077	2,628
アイビューティサロン	21.3	10.1	774	1,887
スパ＆マッサージ	78.3	11.9	811	1,977

※フェイシャル、脱毛、美容外科

ネイルサロンは６割以上が利用し、月に１度以上の来店頻度

出典：㈱リクルートライフスタイル ビューティ総研「ASEAN6ヵ国 美容行動の実態調査」(2013/7)

美容への優先順位はまだそれほど高くない

のじー：フィリピンの街を歩いていると、目につくのはネイルサロンです。単価は902円とまだまだ低いものの、利用率は63.1％。ミドル層だけではなく、低所得者層にも広がっています。来店頻度は年間18.7回と６ヵ国の中で最も高いですし、ジェルネイルの人気も上がってきているので、今後は、富裕層向けのネイルサロンも増えていきそうです【資料①】。

ゆみ：まだまだGNPも高くないですし、サロンの単価は平均して低いので、日本のサロンが進出するには難しいのかなと感じるのですがどうでしょうか。

のじー：美容サロンは発達段階で、低単価のサロンと、高単価のサロンに分かれているという現状があります。けれども、もともと欧米の影響を強く受けている国ですので、美容に対する関

アジアマーケットの真実

心はまんべんなくあると思います。今後、ミドル層向けのサロンが増えていけば、単価が上がってくる可能性はありますね。

ハム子：おこづかいに占める美容費用は、25%。やはり、そこまで高くはありませんね【資料②】。

ゆみ：美容意識で特徴的だなと思ったのは、「化粧をあまりしない」人と、「運動や食事、スキンケアなどに興味がある」人が多いということですね【資料③】。

ハム子：とはいえ、男性目線を気にする女性も7割はいますし、かわいく見られたい欲求も6割近くの女性にあるので、情報が行き渡れば、美容への潜在ニーズはありそうです。

のじー：最近はマニラへの投資も加熱していますので、ここ数年で一気に美容サロン事情が変わる可能性もありますね。今後に注目です。

おこづかいのうちの美容にかける金額の割合 資料②
フィリピン女性 20〜49歳（n=591）

	平均金額(Php)	円換算(円)
おこづかい	5,638	13,751
美容代	1,429	3,487

1円に対するフィリピン ペソ金額 0.41Php（2014年10月29日時点レート）

おこづかいに占める美容代は25%

出典：㈱リクルートライフスタイル ビューティ総研「ASEAN6ヵ国 美容行動の実態調査」(2013/7)

美容意識 資料③
フィリピン女性 20〜49歳（n=591）

A (Aに近い＋ややAに近い)	A計	B計	B (Bに近い＋ややBに近い)
人は見た目が大事だと思う	46%	54%	見た目より中身が大事だと思う
海外のメイクやファッション、美容法は積極的に取り入れたい	69%	31%	海外のメイクやファッション、美容法はあまり試したくない
化粧はあまりしない	75%	25%	化粧は毎日しっかりする方だ
ファッションや外見は、宗教上の理由による制約がある	42%	58%	ファッションや外見には宗教上の理由による制約はない
新しいファッションや流行は積極的に取り入れる方だ	49%	51%	新しいファッションや流行はあまり取り入れない方だ
常にかわいくみられたい	59%	41%	人からどうみられるかは特に気にしない
女性より男性にキレイだと思われたい	71%	29%	男性より女性にキレイだと思われたい
仕事よりプライベートを充実させたい	73%	27%	プライベートより仕事を充実させたい
ファッションや化粧品は、ブランド品を購入したい	63%	37%	ファッションや化粧品は、ブランド品にはこだわらない
運動や食事、スキンケアに興味がある	84%	16%	ファッションやメイクに興味がある

健康、ナチュラル志向が高いがモテ意識も低くない

出典：㈱リクルートライフスタイル ビューティ総研「ASEAN6ヵ国 美容行動の実態調査」(2013/7)

---

point
低単価サロンの日常づかいはネイルに顕著
今後、海外資本が入ってどのように変化するかに注目

シンガポールの
ヘアサロン利用単価の真実

17,777円

※1円に対するシンガポールドル金額
0.01S$（2014年10月29日時点レート）

サロン利用率・頻度・金額

資料①

シンガポール女性 20～49歳（n=486）

1円に対するシンガポールドル金額　0.01S$（2014年10月29日時点レート）

	利用率（％）	頻度（回/年）	金額（S$/回）	円換算（円）
ヘアサロン	89.9	8.3	178	17,777
ネイルサロン	56.7	8.5	148	14,829
ヘアリムーバルサロン	25.7	12.2	171	17,087
ビューティサロン※	68.9	9.7	183	18,269
スパ&マッサージ	73.0	8.0	176	17,586
エステティックトリートメント	17.5	9.2	251	25,055

※アイビューティ、ボディケア、美容外科

日本よりも物価の高いシンガポール。美容サロンの料金も3倍超

出典：㈱リクルートライフスタイル　ビューティ総研「ASEAN6ヵ国　美容行動の実態調査」(2013/7)

最も都市型の美容消費国、シンガポール

ハム子：物価の高さを反映して、6ヵ国の中では断トツにサロンの利用金額が高いのがシンガポールです【資料①】。1回あたりのヘアサロンの料金は日本の3倍です。

ゆみ：にも関わらず、ヘアサロンの来店頻度は日本の2倍以上。ネイルサロンの利用率や利用金額も、日本より圧倒的に高いですね。

のじー：シンガポールの美容消費は最も都市型。6ヵ国の中では一番日本に近いタイプの美容消費と言えます。逆に言うと、参考にできる面も多々ありそうです。ヘアサロンに関しては多様化していて、高級店もあれば、日常使いできる低価格サロンもあります。幅広いラインナップが

あるのが特徴です。第一次産業や第二次産業以上に、サービス業が発達している国ですから、見た目に気を使わなくてはいけない女性が多いと考えられます。自分自身の美容に投資が必要だと考えている女性も多そうですね。

ハム子：おこづかいに占める美容代金は28％で、ほぼ日本と同程度です【資料②】。

ゆみ：美容意識で言うと、かわいく見られたいという女性が6ヵ国で一番低いですね。また、「男性より女性にキレイだと思われたい」という項目も高くなっています。

のじー：「仕事よりプライベートを充実させたい」女性が多いのも特徴です。

ゆみ：欧米の影響も強く、女性が自立している国と言っても良さそうですね。

おこづかいのうちの美容にかける金額の割合　資料②
シンガポール女性 20〜49歳（n=486）

	平均金額(S$)	円換算(円)
おこづかい	818	81,755
美容代	225	22,516

1円に対するシンガポールドル金額　0.01S$（2014年10月29日時点レート）

おこづかいに占める美容代は28％

出典：㈱リクルートライフスタイル　ビューティ総研「ASEAN6ヵ国　美容行動の実態調査」(2013/7)

美容意識　資料③
シンガポール女性 20〜49歳（n=486）

A（Aに近い+ややAに近い）	A計	B計	B（Bに近い+ややBに近い）
人は見た目が大事だと思う	60%	40%	見た目より中身が大事だと思う
海外のメイクやファッション、美容法は積極的に取り入れたい	61%	39%	海外のメイクやファッション、美容法はあまり試したくない
化粧はあまりしない	69%	31%	化粧は毎日しっかりする方だ
ファッションや外見は、宗教上の理由による制約がある	43%	57%	ファッションや外見には宗教上の理由による制約がない
新しいファッションや流行は積極的に取り入れる方だ	42%	58%	新しいファッションや流行はあまり取り入れない方だ
常にかわいくみられたい	50%	50%	人からどうみられるかは特に気にしない
女性より男性にキレイだと思われたい	66%	34%	男性より女性にキレイだと思われたい
仕事よりプライベートを充実させたい	85%	15%	プライベートより仕事を充実させたい
ファッションや化粧品は、ブランド品を購入したい	50%	50%	ファッションや化粧品は、ブランド品にはこだわらない
運動や食事、スキンケアに興味がある	79%	21%	ファッションやメイクに興味がある

プライベート重視度が6ヵ国で一番高い

出典：㈱リクルートライフスタイル　ビューティ総研「ASEAN6ヵ国　美容行動の実態調査」(2013/7)

---

point　国の経済力も高く、サービス業従事者も多い
日本以上に美容への投資額が高いシンガポール

タイ（バンコク）の
ヘアサロン利用頻度の真実

18.6回／年

サロン利用率・頻度・金額 資料①

タイ（バンコク）女性 20～49歳（n=505）

1円に対するタイバーツ金額　0.3THB（2014年10月29日時点レート）

	利用率(%)	頻度(回/年)	金額(THB/回)	円換算(円)
ヘアサロン	94.7	18.6	1,192	3,973
ネイルサロン	48.1	14.3	800	2,666
エステティックサロン※	70.1	15.5	1,912	6,373
アイビューティサロン	20.5	14.4	1,490	4,967
リラクゼーションサロン	66.3	14.3	1,518	5,061

※エステティック、美容外科

6ヵ国中、最もヘアサロンの利用頻度が高い

出典：㈱リクルートライフスタイル　ビューティ総研「ASEAN6ヵ国　美容行動の実態調査」(2013/7)

経済成長著しいタイでは美容への関心も高い

ハム子：タイは、ヘアサロンの年間利用回数が6ヵ国の中で一番高い国です。平均すると年間18.6回もヘアサロンに行くんです【資料①】。

ゆみ：タイは国の平均年齢が低い、若い国ですよね。街を見ていても、コスメショップや、美容サロンがとても多いと思いました。テレビCMなども美容関連のCMが多く、美容への関心の高さを感じました。

のじー：バンコクを中心に都市化が進んでいて、経済成長も著しい国ですよ。日本の原宿、表参道に相当するようなファッションエリアも誕生していて、ファッションやビューティに対するニーズの高さを感じます。

アジアマーケットの真実

ハム子：美容にかける金額も月に1万円近くと、かなり高いですね。おこづかいに占める割合も38%と、インドネシアに次いで高くなっています【資料②】。

のじー：タイの女性の美容意識で特徴的なのは、海外のメイクやファッションへの興味、かわいく見られたい願望や、モテ意識の強さ、ブランド品への憧れなどが軒並み高いことです【資料③】。スマホ普及率が高く、SNSに自撮り写真をアップする文化があることも美容への関心に拍車をかけているのかも。

ゆみ：バンコクを中心に、日本からのヘアサロン出店もありますよね。タイは、親日感情も強い国だと聞きました。

のじー：日本人美容師会（JBA）などもあり、日本のサロンも存在感を示しています。今後は美容マーケットが激化していくのではないかと感じます。

おこづかいのうちの美容にかける金額の割合 〈資料②〉
タイ女性 20～49歳 (n=505)

	平均金額（THB）	円換算（円）
おこづかい	7,758	25,860
美容代	2,968	9,894

1円に対するタイ バーツ金額　0.3THB（2014年10月29日時点レート）

おこづかいに占める美容代は38%

出典：㈱リクルートライフスタイル　ビューティ総研「ASEAN6ヵ国　美容行動の実態調査」（2013/7）

美容意識 〈資料③〉
タイ女性 20～49歳 (n=505)

A （Aに近い＋ややAに近い）	A計	B計	B （Bに近い＋ややBに近い）
人は見た目が大事だと思う	62%	38%	見た目より中身が大事だと思う
海外のメイクやファッション、美容法は積極的に取り入れたい	71%	29%	海外のメイクやファッション、美容法はあまり試したくない
化粧はあまりしない	47%	53%	化粧は毎日しっかりする方だ
ファッションや外見は、宗教上の理由による制約がある	31%	69%	ファッションや外見には宗教上の理由による制約がない
新しいファッションや流行は積極的に取り入れる方だ	61%	39%	新しいファッションや流行はあまり取り入れない方だ
常にかわいくみられたい	76%	24%	人からどうみられるかは特に気にしない
女性より男性にキレイだと思われたい	77%	23%	男性より女性にキレイだと思われたい
仕事よりプライベートを充実させたい	50%	50%	プライベートより仕事を充実させたい
ファッションや化粧品は、ブランド品を購入したい	65%	35%	ファッションや化粧品は、ブランド品にはこだわらない
運動や食事、スキンケアに興味がある	79%	21%	ファッションやメイクに興味がある

ブランド品購入の意識が6ヵ国中一番高く、海外のファッション、コスメへの意欲も高い

出典：㈱リクルートライフスタイル　ビューティ総研「ASEAN6ヵ国　美容行動の実態調査」（2013/7）

---

point
美容サロンにも流行にも関心が高いタイの女性
今後も美容マーケットは拡大し、競争も激化しそう

ベトナム（ハノイ・ホーチミン）の ネイルサロン利用頻度の真実

18.0回／年

サロン利用率・頻度・金額

資料①

ベトナム（ハノイ・ホーチミン）女性 20～49歳（n=530）

1円に対するベトナムドン金額　196.78VND（2014年10月29日時点レート）

	利用率（％）	頻度（回／年）	金額（VND／回）	円換算（円）
ヘアサロン	78.8	13.4	761,048	3,868
ネイルサロン	55.4	**18.0**	335,833	1,707
スパ＆ビューティサロン※	68.5	14.0	942,529	4,790

※エステティック、ボディケア、美容外科

いずれのサロンにも月1回以上通っている

出典：㈱リクルートライフスタイル　ビューティ総研「ASEAN6ヵ国 美容行動の実態調査」（2013/7）

ジャンルを問わず美容サロン利用が多い国

ハム子：ベトナムの女性は、美容サロンの利用頻度が大変高いことが特徴です【資料①】。ネイルサロンの年間利用回数18.0回をはじめとして、スパ＆ビューティサロンが年14.0回、ヘアサロンの利用も13.4回。どの美容サロンの利用回数も、月1回以上になるというデータが出ています。

のじー：ネイルに関しては、まだ利用率は半分ほどですが（といっても日本よりはかなり多いのですが）、指先に対する関心が高まってきているので、今後もネイルサロンの利用は増えていきそうです。

ゆみ：美容にかける費用は日本円で5,236円ですが、これは、おこづかい金額の3分の1にあたるんですね【資料②】。サロンに通う回数も多いですし、美容にお金をかける文化が浸透しているようです。

アジアマーケットの真実 54

ハム子：美容への意識では、他の国に比べて、かわいく見られたいという意識がある女性が9割を超えていたり、男性にキレイと思われたいというモテ意識のある女性が8割を超えていたりと、大変高くなっています【資料③】。

のじー：6ヵ国中では、ファッションや外見に対して宗教上の制約が最も少ない国です。海外のトレンドも積極的に取り入れたいという意識がありますね。フランスの統治や外資の参入もあるので、欧米の影響を受けた美意識が育っていると感じます。

ゆみ：一方で、「プライベートより仕事を充実させたい」という女性の割合も6ヵ国で高いですね。仕事にも興味もあり、見た目をキレイにすることへの欲望もある。女性の社会進出とともに、今後の美容マーケットとしても、とても魅力的な国ですね。

おこづかいのうちの美容にかける金額の割合　資料②
ベトナム女性 20〜49歳 (n=530)

	平均金額(VND)	円換算(円)
おこづかい	3,106,442	15,786
美容代	1,030,286	5,236

1円に対するベトナムドン金額　196.78VND(2014年10月29日時点レート)

おこづかいに占める美容代は33%

出典：㈱リクルートライフスタイル　ビューティ総研「ASEAN6ヵ国　美容行動の実態調査」(2013/7)

美容意識　資料③
ベトナム女性 20〜49歳 (n=530)

A（Aに近い+ややAに近い）	A計	B計	B（Bに近い+ややBに近い）
人は見た目が大事だと思う	61%	39%	見た目より中身が大事だと思う
海外のメイクやファッション、美容法は積極的に取り入れたい	73%	27%	海外のメイクやファッション、美容法はあまり試したくない
化粧はあまりしない	59%	41%	化粧は毎日しっかりする方だ
ファッションや外見は、宗教上の理由による制約がある	17%	83%	ファッションや外見には宗教上の理由による制約はない
新しいファッションや流行は積極的に取り入れる方だ	63%	37%	新しいファッションや流行はあまり取り入れない方だ
常にかわいくみられたい	92%	8%	人からどうみられるかは特に気にしない
女性より男性にキレイだと思われたい	83%	17%	男性より女性にキレイだと思われたい
仕事よりプライベートを充実させたい	43%	57%	プライベートより仕事を充実させたい
ファッションや化粧品は、ブランド品を購入したい	58%	42%	ファッションや化粧品は、ブランド品にはこだわらない
運動や食事、スキンケアに興味がある	79%	21%	ファッションやメイクに興味がある

海外のメイクやファッションに最も興味がありかわいく見られたい意識も一番高い

出典：㈱リクルートライフスタイル　ビューティ総研「ASEAN6ヵ国　美容行動の実態調査」(2013/7)

---

point
女性の美容に対する意識はとても高いベトナム
海外のトレンドに対しても積極的に取り入れたい意向

COLUMN5

海外のお客さまに対応する

　　　　イスラムの教えで許された健全な商品や活動のことをハラルと言います。最近、イスラム圏の方々の来日も増えており、成田空港にもハラル対応のレストランがあります。食品だけでなく化粧品も適用されるものなのですが、日本国内でハラル対応のサロンはほとんど見たことがありません。飲食店、ホテル、旅館、温泉。そして渋谷のスクランブル交差点やラーメン屋巡りなどの「日本的な場」。人気のスポットは徐々に広がり、ハラル対応のように海外のお客さまに対応できるように進化してきています。近年、美容サロンにもこの波が打ち寄せてきました。

　外国人観光客はホテルや外国人観光案内所の情報を元に店を訪れる方が多いようです。清潔で安心でユニークで多様な日本のサービス業は人気で、海外でのクチコミサイトでも私たちがびっくりするようなユニークな店が紹介されています。また、積極的にホームページで情報を探してもいます。

　ヘアサロンの外国人向けのメニューは、ヘッドスパなど一部のメニューだけでも良いと思います。時差や慣れない土地で疲れた時にヘッドスパはとても良いですよね。日本のシャンプー、ヘッドスパ、ブロー、セットの技術は世界最高。一度体験したら皆さん病みつきになるはずです。外国人客の受け入れをためらってしまうお店も多いようですが、ツーリストメニューとして簡単なパッケージにしてあげる、店販商品とセットにする、簡単な外国人向けメニューシートを作っておく、JNTO（日本政府観光局）などと連携するなど、まずはどんなことでも良いのでアクションしてみるのはどうでしょうか。

　トリプルライツという通訳案内と観光客のマッチングサイトもありますが、美容の分野はまだ出ているところはほとんどないようなので今スタートすればきっと目立ちます。英語はジョビングリッシュなど簡単に学べる職業別のサービスもありますし、あらかじめ対応パターンを作っておけば80％の対話はカバーできます。都市部が中心かもしれませんが、海外からの顧客は無視できない状況になるように思います。

　　　　　　　　　　　　　　　　　　　　　　　　ビューティ総研　野嶋　朗

おわりに

『50の数字』が発売されてからの1年半あまり、多くのサロンの方からの感想を伺うことができました。「朝礼でひと見開きずつみんなで読んで、自分たちの顧客の現状分析に使っている」と言ってくださった方もいらっしゃいましたし、「普段自分がスタッフに『お客さまはこう考えているはずだ』と伝えている感覚値がリアルな数字で証明されて説得力を増すことができた」という声も聞きました。私たちの手を離れた『50の数字』が、皆さんの現場であるサロンで使ってもらえていることをとても嬉しく思っています。

今回続編となる『54の真実』も、やはりただの「数字」として見るのではなく、お客さまの顔を思い浮かべながら、スタッフの顔を思い浮かべながら読んでいただけるとありがたいなと思います。「お客さまって、こんなことを（こんなことも）考えているんだね」と話をするきっかけになってくれたら嬉しいです。朝礼で、終礼で、スタッフルームで、サロンの勉強会で、ぜひ、使い倒してください。

前回、大きなお腹で『50の数字』の校了作業をしてくれていたハム子は、元気なお子さんを産んで復帰してきました。私は増田ゆみから本名の佐藤友美に名前を変えて、心機一転仕事をしてきました。野嶋さんはリクルートライフスタイルを退社され、今後はさまざまな分野の知恵と美容業界を結びつける仕事をされる予定です。

年齢を重ね、人生の経験が増えると、見える世界がちょっとずつ変わってくるなあってことを最近よく思います。

嬉しいことも、悲しいことも。あらゆる経験が糧になる仕事――。

美容業界で働くことって、自分の人生全部が、生かされる仕事なんじゃないかなって思います。私たち3人も、『54の真実』の書籍化に取り組むことで、いろんな知識を得てパワーアップしました。皆さんにとっても、この書籍が新しい経験になってくれますように祈っています。読んでくださり、ありがとうございました。最後になりましたが、続編のお話をくださいました女性モード社の寺口さんはじめ関係各所の皆さま、ありがとうございました。

ライター　佐藤友美

著者プロフィール

野嶋 朗

のじま・あきら／ハリウッド大学院大学教授　1988年株式会社リクルート入社。進学、キャリア、地域活性、消費生活領域で各分野の責任者を務める。2011年1月ビューティ総研を設立し2014年末に退職。美容領域の組織活性、人材活用、マーケティングをテーマに活動中。(株式会社リクルートライフスタイル　ビューティ総研顧問)

田中公子

たなか・きみこ／株式会社リクルートライフスタイル ビューティ総研。前職はコンサルタントとして企業の経営計画・再生に携わる。リクルート入社後はホットペッパービューティーの事業企画、市場調査を経て、2012年より現職。「美容センサス」など、美容サロン利用に関するカスタマー調査からの兆しを、WEB、出版、セミナーなどを通して発信。

佐藤友美

さとう・ゆみ／フリーランスのライター、エディター。ファッション誌のヘアページ、ヘアカタログ等で編集を続けてきた。近年では書籍のライティング、経営者のインタビュー等の仕事も多い。2014年、ペンネームの増田ゆみから本名の佐藤友美に名前を変更。美容情報を発信するsatoyumi.com (さとゆみ.com) は全国の美容師からのアクセスも多い。

美容師が知っておきたい
54の真実

2015年2月25日　初版発行
定価　本体1,200円+税

著者	野嶋 朗・田中公子・佐藤友美
発行人	寺口昇孝
発行所	株式会社女性モード社

本社／〒161-0033 東京都新宿区下落合3-15-27
　　　Tel. 03-3953-0111　Fax. 03-3953-0118
大阪支社／〒541-0043 大阪府大阪市中央区高麗橋1-5-14-603
　　　Tel. 06-6222-5129　Fax. 06-6222-5357
http://www.j-mode.co.jp/

印刷・製本	図書印刷株式会社
デザイン	鈴木直子
イラスト	藤井昌子

©Recruit Lifestyle Co.,Ltd. & Yumi Sato 2015
Published by JOSEI MODE SHA CO.,LTD.
Printed in Japan
禁無断転載